KLANGWELLEN

Elisabeth Laback

KLANGWELLEN

Kurzgeschichten und Erzählungen

Eine Reise ins weite Land
und zurück

Rediroma-Verlag

Bibliografische Information der Deutschen Nationalbibliothek:
Die Deutsche Nationalbibliothek verzeichnet diese Publikation in der Deutschen Nationalbibliografie; detaillierte bibliografische Daten sind im Internet über http://dnb.ddb.de abrufbar.

ISBN 978-3-96103-100-9

Bilder und Layout: Elmar Ladstädter

www.rediroma-verlag.de
9,95 Euro (D)

Inhalt

Allen,
die gern im Augenblick verweilen
und die kleinen Zeichen beachten,
um sich selbst und andere besser zu verstehen.

piano-forte

Musik ist die Sprache, die im Herzen entsteht
und zu Herzen geht

Suzettes B

Erwartungsvoll lehnte das aufgeschlagene Notenbuch am Pult des schwarzen Flügels. Zum Glück ahnte es nicht, dass es unbeachtet bleiben würde.

Suzette spielte auswendig. Immer. Sie zeigte dies in aller Bescheidenheit auf eine unnachahmliche Weise, indem sie sich mit tief gesenktem Kopf, von den Tasten geradezu magnetisch angezogen, ganz der Musik hingab und sich von den sprudelnden Melodienwellen fortspülen ließ.

Suzette war noch nicht lange den unschuldigen Mädchentagen entflohen und gerade im Begriff, eine junge Frau zu werden. Nur in ihrem Gesicht, das von ihren langen blonden Haaren sanft umstreichelt wurde, wenn der Takt in der Musik ihre körperliche Unterstützung einforderte, zeigte sich an den Wangen eine sanfte, verschämte Röte vergangener Kindertage.

Mozarts e-moll Sonate zog sie hinein in den Strom romantischer Gefühle und ließ ihre zarten Finger über die weißen und schwarzen Tasten rauschen.

Die musikalische Reife war der technischen Perfektion ein wenig voraus, und so geschah es, dass sich im Prestissimo beim Lauf der rechten Hand über drei Oktaven just im vorletzten Takt ein B einschlich.

Herr Cachè, der die ganze Zeit über wachsam Suzettes Ausführungen verfolgt hatte, stoppte augenblicklich den reißenden Strom und sagte trocken: „H“.

Suzette tippte mit dem Zeigefinger auf die verfehlte weiße Taste und warf ein spitzes H hinter sich, wo es Herrn Cachè am rechten Ohr streifte.

Sie schlug die unbeachteten Noten hastig zu, nahm sie vom Pult, steckte sie unter ihren rechten Arm und drückte sie so fest an sich, dass es Herrn Cachè unmöglich war, sie an der Hand zu nehmen.
Wortlos stürzte Suzette aus dem Zimmer.
Und Herrn Cachè blieb nur die Röte ihrer Wangen auf den seinen.

Die punktierten Noten

Das letzte Efeukränzchen war gewunden und zu den fertigen vierundzwanzig in die Schachtel gelegt worden. Beim Gedanken an das schnell verflogene Jahr seit dem letzten Schlussfest, stellte sie die Schachtel im Schulhof ab und eilte ins Klassenzimmer. Aufgeregte Kinderstimmen schwirrten durcheinander und Bänder von Schürzen, die Mädchen hatten Dirndlkleider zur Feier des Tages angezogen, flatterten ihnen um die Köpfe. Sobald die lustige Schar Fräulein Specht entdeckt hatte, stürmte sie, wie vereinbart, an den Platz vor der Tafel, der in den letzten Tagen als Probebühne gedient hatte. Es war schließlich der erste Auftritt ihrer neuen Klasse, und alle würden sie kommen und die Leistung der Kinder und die von Fräulein Specht begutachten wollen.
Einige besonders Begabte würden das eingeübte Vogellied auf ihren Instrumenten begleiten. Fanny hatte ihre Geige und Magda das Cello mitgebracht und Valentin wollte auf seiner Posaune die Melodie quer über den ganzen weiten Schulhof schicken.
Endlich war der Augenblick gekommen, und der Gong rief zum Auftritt. Als Überraschung hatte Fräulein Specht für diesen festlichen Akt an alle Kinder noch schnell die liebevoll gebundenen Efeukränzchen ausgeteilt, und die Kinder angewiesen, sie fest auf den Kopf zu setzen.
Der erste Einsatz der Singstimmen und der Instrumentalisten verlief geradezu perfekt. Fräulein Specht schien ob des harmonischen Klanggebindes geradezu verzaubert zu sein. Georg, vom grünen Kränzchen Astrids vor ihm in der ers-

ten Reihe leicht verdeckt, kratzte sich taktvoll am Ohr und gab seine Botschaft an seinen Vogelfreund rechts neben ihm weiter. Lorenz rieb leicht verstohlen an seiner Vogelnase und setzte tapfer sein Gezwitscher fort. Fräulein Specht lächelte die Kinder freundlich aber sehr bestimmt an, während sie unbeirrt das Lied der Vogelkinder mit deutlichen Handbewegungen in die richtige Flugbahn geleitete.

Weil sie ihrer Zugehörigkeit zur Vogelschar, weithin sichtbar für alle, hatte Ausdruck verleihen wollen, trug auch sie ein Kränzlein auf dem Kopf. Es saß ganz fest auf ihrem Haarknoten, und trotzdem fasste sie einmal kurz, und gleich darauf noch einmal, sicherheitshalber, danach, um sich dann ganz verstohlen die nicht vorhandenen Schweißperlen von der Stirn zu wischen. Beim Refrain kratzte und wischte sich der gesamte Vogelchor mehr oder weniger rhythmisch über irgendwelche Kopfteile, als folgte er gekonnt einer einfallsreichen Regieanweisung Fräulein Spechts.

Fanny strich sich mit der Spitze des Geigenbogens über die ihrer Nase, und Valentin nützte die kurze Pause zwischen zwei langgezogenen Posaunentönen, sich mit der Zunge über die Lippen zu schlecken.

Die dritte Strophe dirigierte Fräulein Specht in merklich gesteigertem Tempo energisch mit weit ausladenden Armbewegungen, und brachte die Vogelschar schließlich mit einer knappen kreisenden Faustbewegung sicher auf den Boden zurück.

Über die Gesichter der Sängerknaben und -mädchen liefen lausschwarze Punkte aus den Efeukränzchen halswärts.

Fräulein Specht durfte sich ganz und gar dazugehörig fühlen.

Finale furioso

Der prachtvolle Garten war terrassenförmig angelegt, und die natursteingepflasterten Wege schlängelten sich durch ein phantastisches Blumenmeer. Die Lavendelblüten verströmten ihren Duft über die Sitzreihen bis hinüber zum Pavillon, in dem das Konzert stattfinden würde. Die ersten geladenen Gäste, vom Hausherrn, einem weit über die Stadt hinaus bekannten Arzt und seiner Gattin herzlich begrüßt, hatten bereits Platz genommen. Nach und nach füllten sich die Reihen, und je näher der Zeitpunkt des Beginns rückte, er war mit 18 Uhr festgesetzt, desto verhaltener unterhielt sich die feine Gesellschaft, bis sie schließlich beim Erscheinen des Gastgebers auf der Bühne ganz verstummte. Die Musiker hatten sich in der Zwischenzeit unauffällig auf ihre Stühle hinter die Notenständer gesetzt. Es waren drei Cellisten, die mit ihren Instrumenten den Pavillon zur Gänze füllten. Ein Stachel ragte über den Rand hinaus und fand nur mit Mühe zwischen den Steinen Halt.
Die Begrüßungsworte wurden leise vom Stimmen der Instrumente untermalt. Bei den Worten an den anwesenden Komponisten, er habe das Werk eigens für diese drei Musiker geschrieben, gab es ein freundliches Lächeln und ein wohlwollend erstauntes Nicken.
Kurzer Applaus beendete die Einführung, in welcher der Komponist selbst sein Werk“ La cornacchia“, erläuterte. Er habe an eben diesen Garten gedacht und die Stimmen der Natur einzufangen versucht, sagte er.
Das erste Cello holte seine tiefsten dunkelsten Klänge aus seinem Innersten hervor, während der Bogen über die C-Saite hauchte, als wollte er die angespannte Ruhe nicht

erschrecken. Da gesellte sich das zweite dazu und setzte seinen Ton fast zärtlich auf das erste. Als das dritte Cello mit innigem Vibrato seine Koloratursopranstimme mit dem Bogen über die höchste Saite zu wellen begann, - war der Vogel nicht mehr zu halten. Vom ersten Ton an war er über dem Pavillon gekreist. Im Augenblick des Dreigesangs schoss er mit breiten Flügelschlägen herab, um sich unmittelbar neben dem Stachel auf den Stein zu setzen.

Das Trio schwoll zum Fortissimo an. Die Krähe riss ihren Schnabel auf und setzte in derselben Lautstärke just in jenem Moment ein, für den der Komponist eine Generalpause vorgesehen hatte. Das triumphierende Tremolo versetzte Musiker und Publikum gleichermaßen in Schockstarre.

Sobald sich die Künstler wieder gefangen hatten, das heißt, die eigentlich beabsichtigte Stille wieder einem sanft anschwellenden Melodiengeflecht gewichen war, lauschte die Krähe regungslos in andächtigem Schweigen, -

so lange, bis sie ihre Gelegenheit zu einem neuerlichen Solo gekommen sah und schließlich gemeinsam mit ihren drei Musikerkollegen ein furioses Finale in den Vogelhimmel schmetterte.

String-Percussion

Auf dem Titelblatt des Programmheftes waren die zwei ausführenden Musiker mit ihren Instrumenten abgebildet, der eine am Klavier sitzend, der andere daran angelehnt, Cello und Bogen mit beiden Händen umschlingend.
Die angekündigten Werke ließen den zwingenden Schluss zu, dass es sich bei diesem Konzert durchaus um zwei ernst zu nehmende Künstler mit einer ebensolchen Musik handelte.
Wie allgemein üblich, das Publikum sollte schließlich nicht durch Unkonventionelles erschreckt oder gar verscheucht werden, war ein barockes Werk, sozusagen zum Einhören, an den Beginn des Konzertes gesetzt. Anschließend sollte Romantisches noch vor der Pause zu wohlwollenden Gesprächen während derselben anregen. Als Abschlusswerk sollte ein Stück aus der Klassik die Hörer wohlgestimmt nach Hause entlassen.
Nach der Pause, so konnte man zumindest annehmen, würden alle Zuhörer wieder im Saal erscheinen. Deshalb getraute sich der Veranstalter, schließlich waren die Künstler jung und aufgeschlossen, dem verehrten Publikum einen zeitgenössischen Komponisten vorzustellen, oder besser gesagt, unterzuschieben.
„Percussione“ hatte der Meister das Werk betitelt.
Während sich die Leute in der Pause angeregt unterhalten und mit Sekt und Brötchen gestärkt hatten, waren auch die Musiker nicht untätig geblieben. Sie hatten zusätzliche Instrumente auf dem Klavier und vor dem Stuhl des Cellisten aufgebaut. Nach dem Auftrittsapplaus setzten sie sich

wieder an ihre angestammten Plätze, und nach kurzem Blickkontakt, warfen sich die beiden sonst so seriös und friedvoll wirkenden Musiker in einen unvergleichlichen Kampf. Der Pianist ähnelte einem lorbeerbekränzten Torero nach errungenem Sieg. Er hatte sich eine Rahmenschellentrommel, wie dem Programmheft zu entnehmen war, auf den Kopf gesetzt, und nur den leicht abstehenden Ohren war es zu verdanken, dass diese dort auch geblieben war.

Der Cellist hatte eine riesige Trommel in genau jenem Abstand vor sich stehen, in welchem sie mit dem rechten Fuß seinen Tritt aufnehmen konnte.

Der spanische Tanz benötigte also laut Betriebsanleitung auch noch einen Kopf und einen Fuß. Um die Schellen richtig zum Rasseln zu bringen, musste der Pianist zu seinen rasenden Glissandi mit beiden Händen auch noch unentwegt sein Haupt schütteln. Der Cellist schnalzte spitze Pizziccatti auf seine vier Saiten und schickte synkopierende Fußtritte gegen die Trommel hinterher.

Der Tango fand sein jähes Ende, als die Länge Cellistenbeines für den Abstand zur Trommel nicht mehr ausreichte, weil diese sich bei jedem Schlag weiter an den Bühnenrand bewegt hatte und abzustürzen drohte.

Der Komponist, von seinem Platz in der ersten Reihe offensichtlich die nahende Katastrophe kommen sehend, sprang geistesgegenwärtig von seinem Sitz hoch, rief begeisterte Bravorufe in Richtung Bühne, und machte dem Spektakel damit ein vom gewöhnlichen Publikum unbemerktes, vorzeitiges Ende.

Die beiden Künstler blieben sichtlich erschöpft auf den Sesseln sitzen und warteten auf ihre klassische Befreiung durch Beethoven: „Sonate für Cello und Klavier.“

Mit Taktgefühl

„Die Bratsche fehlt noch“, sagte die erste Geige, die gerade damit beschäftigt war, ihre A-Saite etwas zu verkürzen.
„Sie kommt immer etwas später“, meinte das Cello, der zweiten Geige zugewandt. Es wäre leicht, pünktlich zu sein, wenn die Probe im eigenen Haus stattfände.
Kurze Zeit später war die Bratsche eingetroffen und drehte auch sogleich an den Wirbeln ihrer Saiten.
Die A's und die G's, D's und C's verwoben sich zu einem Stimmenteppich, der den ganzen Raum auslegte. Als sich alle Vier auf gleicher Höhe wähnten, nickten sie einander zufrieden lächelnd zu.
Energisch streckte die erste Geige ihren Hals nach oben. Tempo sowie Lautstärke waren damit für alle eindeutig erkennbar vorgegeben. Gerade einmal drei Takte waren gespielt, als die Bratsche mit dem Bogen auf den Notenständer klopfte und meinte, sie hätte „Andante“ als Tempobezeichnung vermerkt. Wenn sie so langsam gegangen wäre, dann wäre sie jetzt noch nicht hier. Also schlug man bei einem Neustart ein zügigeres Tempo an, das diesmal die Bratsche mit einem tiefen Atemzug vor der „Eins“ seufzte.
Die Bratsche war denn auch sehr zufrieden und meinte, dass man nun richtig unterwegs wäre.
Wie von unsichtbarer Hand geleitet, waren alle Vier in großer Einigkeit im Rausch der Begeisterung ob der himmlischen Melodie immer lauter geworden, bis das Cello mit leicht vorgebeugtem Oberkörper und leidendem Gesichtsausdruck „pianissimo“ zischelte, was aber in den Noten der

ersten Geige als einfaches „piano“ verzeichnet gewesen wäre.

Da man sich ja nicht zum bloßen Vergnügen, sondern zu einer ernsthaften Probe eingefunden hätte, wollte man nun noch einmal den ganzen Andante-Satz mit Berücksichtigung aller bisherigen Verbesserungsvorschläge zur Vollkommenheit bringen. Es klappte tatsächlich großartig bis hin zum leise versinkenden Schlusston.
Die zweite Geige, die bisher noch nichts auszusetzen gehabt hatte, meinte, dass in ihren Noten nirgends ein „Ritardando“ vermerkt wäre, eine leichte Verlangsamung aber spürbar gewesen wäre, was allerdings die Bratsche so nicht bestätigen konnte.
Man nahm sich die letzten acht Takte vor, von dort, wo das Piano ins Pianissimo gleiten sollte. Die erste Geige wies die Bratsche vorsichtig darauf hin, dass sie “leise“ mit “langsam“ verwechseln würde und stampfte zur Untermauerung des Taktes jede Eins fest in den Boden. Das Cello zählte jeden Achtelwert mit fester Stimme “ - und - 1 und - 2 und “, was aber die Bratsche anzweifelte, weil das absolute Metrum durch die menschliche Emotion nur allzu leicht verfälschbar wäre. Der Blick der ersten Geige fiel just in diesem Moment auf einen bestimmten Gegenstand am Klavier: Ein Metronom! Der emotionslose Taktgeber! Das musste die Lösung sein, um absolute Klarheit über das Problem zu erlangen.
Man positionierte das pyramidenförmige Holzgerät auf dem Deckel des Klaviers, stellte auf der Skala des Stabes das vorgegebene “Andante-Tempo“ ein und löste die Sperre. Angespannt und voll konzentriert folgten alle der mechanischen Taktgebung, und es stellte sich tatsächlich he-

raus, dass die Bratsche, dem Trugbild der Emotion erliegend, das Tempo wiederum verlangsamt hatte. Diese aber dachte nicht daran, sich geschlagen zu geben und erhob ihrerseits Zweifel an der technischen Güte des doch schon ziemlich antik aussehenden Gerätes.
Das Cello, die leicht explosive Lage erkennend, startete einen neuerlichen Versuch, und man einigte sich darauf, nicht zuletzt auch um die Vertrauenswürdigkeit des Gerätes wieder her zu stellen, schon ab Takt 188 Buchstabe M, also 20 Takte vor Schluss, zu beginnen.
Wie ein Uhrwerk tickte der Zeiger des Metronoms, gut hörbar für alle.
Alle folgten seinem Schlag –

- solange, bis die Bratsche,
- dem Schlag ihres Herzens folgend,
- ein seufzendes Ritardando in den Raum schmachtete,

und sich ihr alle geschlagen gaben.

Emma und die Liebe zur Musik

Sie überlegte noch, ob sie aussteigen sollte. Im Autoradio spielte Debussys Klaviersonate.
Emma blieb sitzen.
Mit diesem Stück hatte sie vor über 50 Jahren ihren größten und letzten Musikwettbewerb gewonnen. Als der gebrochene Akkord am Ende verklungen war, und der Radiosprecher den Komponisten, das Werk und den Interpreten genannt hatte, nahm sie ihre Handtasche vom Beifahrersitz, zog den Schlüssel aus dem Zündschloss und stieg aus.
Die Töne tanzten noch in ihrem Kopf, als sie die Haustür öffnete und ihre Tasche im Vorraum ablegte. Sie ging ins Musikzimmer.
„Wie war eigentlich alles gekommen?“, dachte sie, während sie sich zum ersten Mal seit über fünfzehn Jahren ans Klavier setzte. An der Wand darüber hingen handgeschriebene Noten, eingerahmt von hölzernen Leisten, und auf dem Klavier standen Bilder ihrer Kinder in der Wiege und welche, die sie bei den ersten Versuchen an ihren Instrumenten zeigten. In der Mitte stand ein etwas größeres Bild mit ihm an seinem Instrument, eingerahmt von Bergen von Notenbüchern.
Wie lange war sie hier schon nicht mehr gesessen!
Wann immer es früher ihre Zeit erlaubt hatte, war sie ans Klavier gegangen und hatte versucht, wenigstens nicht schlechter zu spielen, als in ihren Jugendtagen. Ihre eigenen Kinder hatte sie dort begleitet und anderen darauf Unterricht erteilt. Wie viele mehr oder weniger begabte Mädchen und Buben hatten ihre ersten Erfahrungen an

diesen Tasten gemacht! Emma war immer links von ihnen gesessen und hatte die kleinen Melodien mit tiefen Tönen bemalt, damit sie voller und bunter klingen sollten.
Einige der jungen angehenden Pianisten hatten gute Fortschritte gemacht und sich mit Anstand "Elise" angenähert, andere wollten sich lieber an Cats oder doch an Yellow Submarine versuchen.
Wenn sich die Tasten vom Unterricht erholt hatten, dann hatte Emma zu ihrer eigenen Freude ihre Lieblingsstücke gespielt.
Eines Tages bemerkte sie, dass er nach der Arbeit nicht zu ihr ins Zimmer gekommen war. Sie unterbrach ihr Stück, und ging zu ihm. Sie fragte nicht. Auch nicht am nächsten Tag und auch nicht am übernächsten.
Emma liebte ihn und sie liebte seine Musik.
Sie hat das Stück nie fertig gespielt.
Sie war auch nicht mehr auf diesem Hocker gesessen.
Emma strich zärtlich über die Tasten und deckte die verstummten Töne zu.
Emma war nicht mehr traurig.
Heute Abend wollte sie ihn besonders liebevoll umarmen, wenn er nach Hause kam.
Die Musik war längst Teil ihrer Seele geworden und begleitete sie durchs Leben.

Die schicksalshafte Begegnung

Geboren 1949

Der 11. Feber war so turbulent zu Ende gegangen, wie er begonnen hatte. Er hatte sich nicht viel von allen übrigen Tagen unterschieden. Vielleicht war er sogar noch ein wenig anstrengender gewesen.

Entspannt lehnte sie sich in ihrem bequemen Sessel zurück, bereit, den Abend zu genießen. Im Hintergrund spielte leise Musik im Radio. Sie schob die Lider leicht über ihre Augen, um auch noch den ohnehin schon schwachen Lichtschein der gedimmten Lampe abzuwehren. Bald darauf war sie in ein sanftes Dösen hinüber geglitten, als sie ein heftiger Schlag gegen das Trommelfell unsanft aus ihren Träumen riss. Mit diesem Schlag war ihre Wohlfühloase mit einem Mal in einen Ort des Chaos verwandelt worden.

Dem ersten Schlag war nach einer kurzen Atempause ein zweiter und gleich darauf ein dritter gefolgt, und wie zum Trotz auch noch ein vierter, jeder härter noch als der vorherige. Kaum hatte sie begonnen, ihre verstreuten Gedanken wieder einzusammeln, vernahm sie aus der Ferne, so schien es ihr wenigstens, aufgeregtes Stimmengewirr. Sie vermochte nicht festzustellen, ob es höhnisch kichernde Laute waren, oder ob der Klang doch eher fröhlichem Gelächter zu zuordnen gewesen wäre. Ihre verwirrte Aufregung steigerte sich noch, als dumpfe, eindringlich gleichförmige Klopfzeichen aus der Richtung der Tür zu hören waren. Unfähig, dem unheimlichen, immer fordernder

werdenden Klopfen nachzugehen, lag sie angespannt und regungslos in ihrem Sessel.
Die Erinnerung, die Tür versperrt zu haben, beruhigte sie zwar kurzzeitig, aber als sie das Fenster spaltbreit geöffnet sah, verfiel sie erneut in eine lähmende Starre. Im nächsten Augenblick fand sie sich von unzähligen Vogelstimmen umschwirrt, von denen sie nicht wusste, ob sich die Sänger vor oder hinter dem Fenster befanden. Wie lange sie um sie herumgetanzt waren, konnte sie nicht sagen, denn der helle Gesang schwang noch durch den Raum, als eine gewaltige Sturmboe sie hinwegzufegen drohte, gespenstisch gefolgt von atemloser Stille.
Ihr Schicksal schien besiegelt.
Mit zusammengepressten Augenlidern erwartete sie den endgültigen, angstbefreienden Todesstoß.
Da begannen, aus weißen Nebeln steigend, zarte Wesen in weitschwingenden Gewändern um ihre Liegestatt zu schweben, und neigten sich ihr immer wieder hingebungsvoll zu. Behutsam streckte sie ihnen ihre Hände entgegen, ängstlich bedacht, die Engel nicht zu vertreiben. Ein entspanntes, der Wirklichkeit entrücktes Lächeln lag auf ihrem Gesicht, als die Stimme des Sprechers aus dem Radio verkündete:
„Sie hörten eine Aufnahme der Schicksalssymphonie aus dem Jahre 1949.“

Symphonische Dichtung in vier Sätzen

Allegro – Adagio – Prestissimo – Menuetto amabile

Wer schon einmal an einem Sommerabend nach einem glutheißen Tag in der Dämmerung die Kühle am Ufer eines Teiches gesucht hat, der hat das Leben mit allen Sinnen wahrgenommen.
Die Stechmücken schienen seit Stunden auf ihr Erscheinen gewartet zu haben, und ließen ihrer Gier nach frischem Blut aus ihren köstlichsten Körperteilen freien Lauf.
Ein großes Teichblatt unweit vom Ufer zog ihre Aufmerksamkeit auf sich, und sie sinnierte darüber, warum sich gerade das größte Blatt weit und breit als einziges im nahen Umfeld hin und her wiegte. Die sanften Bewegungen zogen immer größere Kreise ins Wasser und umrundeten das Blatt.
Ein Schwarm neongrün-leuchtender Glühwürmchen hatte sich eine kurze Rast darauf gegönnt, bevor er sich ins Schilf am Ufer verzog.
Die Stille wurde nur vom Hauch eines zarten Harfentones durchweht und der eigene Herzschlag gab den Rhythmus des Abendliedes vor – als unvermittelt
ein ohrenbetäubender Paukenschlag die Stille durchbrach, die sich mitten in die hereingebrochene Finsternis über den Teich und das Blatt gebreitet hatte. Es schien, als hätten sich alle, die vor den Lichtstrahlen des Tages unter dem Blatt Schutz gesucht hatten, mit einem Mal hervor gewagt, und als wollten sie mit riesigem Getöse die Oberfläche des Blattes möglichst jeder als Erster erklimmen.

Ihren, zwischen zwei hervorquellenden Augen und einer mit Luft gefüllten kugelrunden Hautblase weit aufgerissenen Mäulern, entfuhren Töne, gestopften Hörnern ähnlich, vom Trommelwirbel des aufpeitschenden Wassers begleitet.

Die Abendsymphonie gipfelte in einem Wettstreit der auf- und abtauchenden Breitmaultrommler, der schließlich in einem heftigen, aber umso innigeren Siegestanz des Gewinners mit seiner Auserwählten in einem harmonischen Schlussakkord endete.

Vocalise

Die zerzausten bunten Pinselstriche verwandelten sich bei genauerem Hinsehen in einen Kirschbaum, halb verdeckt von einer Steinmauer. Das Hauseck am rechten unteren Rand lud die Phantasie zum Spielen ein. Das Bild hing, seit dem sie hier eingezogen waren, an der Wand, an der auch das Klavier stand. Beide, Bild und Klavier, waren nicht von hier weg zu denken. Sie gehörten einfach zusammen und hierher. So wie eben Manches ganz selbstverständlich zusammen findet, ohne sich gesucht zu haben.
Eines Tages geschah etwas Seltsames mit diesem Bild.
Sie saß auf dem Sofa und hörte ihm dabei zu, wie er von seinem Cello aus Rachmaninoffs Melodien in den Raum entließ. Auch das Klavier hörte ausnahmsweise einmal nur zu. Ihr Blick streifte das Bild an der Wand, als das sehnsuchtsvolle Lied eines einsamen Vogels erklang. Sie sah die Schatten zweier ausgebreiteter Flügel zwischen dem hellen Blau des Himmels und dem ungeduldigen Grün im Laubkleid des Apfelbaums. Sie hielt den Atem an und rührte sich nicht, um den Vogel nicht zu erschrecken.

Sein Lied verfing sich im Geäst und klingt bis heute darin, wenn sie das Bild betrachtet.

Das Geständnis

Venedig, Julei, 1814

Mon très cher!

Was schadet es? Wiewohl diese Zeilen längst hätten früher geschrieben sein sollen, und ich zuerst willens war, der langen Verspätung dieses Briefes eine Rechtfertigung voranzuschicken, getraue ich es mir an eben diesem Abende zu, Dich, mein Liebster hievon in Kenntnis zu setzen, was meine Seele bedrücket.
Als Morgen–und als Abendthrunk erquickest Du mein Gemüth. Du erhöhest mich zu jeder Zeit mit Deiner Dir ganz eigenen Sprache.
So wünsche ich, daß Du nie mögest aufhören meine Seele mit Deinem Thone zu berühren.
Verzeih mir, mein Liebster, diese kleine menschliche Schwachheit, wenn ich mich dabei zuweilen in erotischen Träumereien verlöre.
Aber ich bräuchte auch Deine Hülfe. Sag, was beweget Dich hierfür, Dich bisweilen wegzusperren?
Dessen gewiß, daß auch Du einen Ort der Ruhe bräuchtest, so wünsche ich doch nichts sehnli–

cher, als an der Quelle Deiner Geschichten zu lauschen.

O Gott, wie innig ich dies wünsche!

Dich nicht zu lieben, das wäre mir das Unmögliche!

Ich bin ewig Dein!

Emanuela

200 Jahre später

Lieber Faruzzi !

Ich muss dir heute unbedingt schreiben, weil mir so Vieles auf der Seele liegt, was ich dir schon lange sagen wollte! Du würdest mir sehr wahrscheinlich nicht zuhören, wenn ich mit dir spräche, weil du dich, wie ich weiß, ja nur lebendig fühlst, wenn du selber sprichst. Das soll aber kein Vorwurf sein. Ganz im Gegenteil! Du wärst nicht du, würdest du nicht in deiner dir ganz eigenen Sprache an mein Ohr dringen.

Ich muss dir gestehen, dass deine Sprache ganz schön unter die Haut gehen und auch bis hinein ins Herz dringen kann. Ohne dir nahe treten zu wollen, im Vertrauen gesagt, du kannst auch richtig erotisch sein. Wenn du in Stimmung bist, dann sorgst du für die ersehnte Harmonie.

Versteh mich jetzt bitte nicht falsch, aber ich mag es auch, wenn du mich mit deiner melancholischen Seite, die in der tiefen Lage,– du weißt schon, was ich meine, zu Tränen rührst.

Leider verschließt du dich, wenn du schweigen willst hinter deinem harten Panzer und ich komme dann nicht an dich heran. Ich verstehe das zwar, dennoch bedaure ich es sehr! Aber wenn du dann wieder zu erzählen beginnst und den Bogen über deine wunderschönen Geschichten spannst, dann kann ich mir nichts Schöneres vorstellen. Ich bin sehr froh, dass dich die Wirbel nicht mitreißen und du fest am Boden bleibst!

Wenn dir die Wege entlang der verschiedenen Seiten des Lebens zu lang und undurchdringlich erscheinen, dann

orientiere dich an dem schmalen Steg! Er weist dir deine Mitte.
(Apropos “Mitte“: Dein dicker Bauch stört mich überhaupt nicht. Ganz im Gegenteil! Er gibt dir diese unvergleichliche Wärme, die ich so liebe.)
Wenn ich nicht wüsste, aus welch edlem Holz du bist, ich hätte mich nicht getraut, dir meine Liebe so offen zu gestehen.

Deine Emma

(Anm. der Redaktion: „Faruzzi“ ist weder ein Kose- noch ein Schimpfname.
Es ist der Name des geliebten Cellos.)

Weitere 2 Jahre später

1 ungelesene Nachricht
vom 5.7.2016

Hi! Great sound!

☺ E.

Der Weg nach Rom

Er wollte nach Rom. So viel stand fest. Allerdings nicht, welchen Weg er nehmen würde. Das war auch nicht wichtig, denn sprichwörtlich würden ohnehin alle Wege dorthin führen. Und in die Verlegenheit, den einzigen, der dies nicht tun würde, zu nehmen, würde er niemals kommen. Der Mittelweg kam für ihn nämlich nicht in Frage und war daher auf seiner Landkarte gar nicht vorhanden.
Angetrieben von unsichtbaren Geistern, die wohl für jede Begeisterung verantwortlich zeichneten, beschritt er unerschütterlich auch diesmal seinen Weg. „Das kann niemals funktionieren“, dachte sie, als sie ihm bei der Reparatur des alten Modells , inmitten von Kabeln, halb liegend, halb sitzend, über die Schulter schaute und ihn mitleidsvoll fragte, ob er denn etwas zu trinken haben wollte. Welches Ganze die Teile später einmal ergeben sollten, das ließ sie erfahrungsbeladen besser ungefragt im Raum stehen. Seine Ausdauer übertraf die ihre bei Weitem, und deshalb konnte sie auch der triumphalen Krönung seines Bemühens nicht beiwohnen, als erste schnarrende Geräusche den Weg aus dem Grammophon mit angeschlossenem kastenförmigen, den halben Raum füllenden Lautsprechermobilar nach außen fanden, die sich bei genauerem Hinhören als tiefe Streicherklänge zu erkennen gaben, welche den idealen Zündstoff für weitere Verbesserungsexperimente bildeten. Damit schlug er den gefährlichen Grenzweg ein, entweder das soeben gelungene Werk noch weiter zu verbessern, oder es wieder zunichte zu machen. Letzteres war das Ergebnis der nächtlichen Hingabe gewesen. Vom ersten Schlaf bereits befreit, schlich sie, in der festen Überzeu-

gung, ihn trösten zu müssen, die Stiege hinunter in den Arbeitsraum, um ihn dort am eigenen Streichinstrument, wohl von der eben vorhin dem Grammophon entlockten Melodie angeregt, spielen zu hören. Es waren die gleichen Hände, die gerade noch geschraubt und gedreht, geschnitten und gesägt, gefeilt und gehämmert hatten, die jetzt mit derselben Natürlichkeit auf dem Instrument den Tönen den Weg in die Musik verhalfen.

Und seine stundenlangen anschließenden intensiven Verbesserungseinheiten bis in die frühen Morgenstunden, ließen in ihr aus unergründlicher Zuversicht, dem Sprichwort vertrauend, die Hoffnung reifen, mit ihm doch noch einmal nach Rom zu kommen. Es konnte sich höchstens der Mangel an Zeit, nicht aber der an Kenntnis eines Weges als Hinderungsgrund darstellen.

So viel stand fest.

Tanz am Kamin

Präludium – Allemande - Courante – Sarabande – Menuett – Gigue

Der Klang des Regengusses lag noch in der kühlen Nachtluft, als die Morgendämmerung aus dem dichten Nebel stieg.
Ein einsamer Sonnenstrahl blinzelte mit vorsichtiger Neugier auf das Wasser unter sich und spann aus den glitzernden Tropfen das Vorspiel zum neuen Tag. Die Töne reihten sich unschuldig aneinander, als hätten Kinder glänzende Perlen auf eine dünne Schnur gefädelt. Die liebliche Melodie musste wohl einen zweiten Strahl geweckt haben. Der gesellte sich, leicht errötend und mit sehnsuchtsvollem Lächeln zu ihr, um sich schließlich mit drängender Begierde um sie zu ranken.
Die Lebensgeister des Morgens waren erwacht, und der Tanz war eröffnet. Nach erstem Zögern lösten sich mehr und mehr Stimmen aus der schweren Schwade des Nebels und schwirrten zu den anderen Strahlen auf die Tanzfläche. Noch glich ihr Tanz eher dem Spiel unfolgsamer Kinder, die sich heimlich, während die Eltern noch schliefen, aufgemacht hatten, den jungen Tag zu umarmen. Doch als sich in das Bild ihrer unbeschwerten kindlichen Freude plötzlich dramatische Klänge mischten, gab es eine unvorhergesehene Wendung.
Der Tag schien den Atem anzuhalten und eine Pause einlegen zu wollen.
Erst als die über alles gespannte Stille von einem durchscheinenden Klangvorhang erlöst wurde, lauschten die

jungen Sonnenstrahlen vorsichtig gebannt den fremden Stimmen, und kehrten, aufeinander vertrauend, zurück auf die Tanzfläche. Im vollen Klang ihrer Lebensfreude gab es für sie kein Halten mehr. Fröhlich, glücklich, dankbar, schwebten sie mit zärtlicher Eleganz wie Elfen zur Gavotte durch einen festlich beleuchteten Saal im kaiserlichen Schloss.
Die barocke Klangfülle des bunten Treibens ließ sie die tiefe Sehnsucht über der wogenden Oberfläche des Teiches überhören.

Er muss von einem unbeschreiblich berauschenden Gefühl erfasst worden sein, denn als er sich erhob, um seine mächtigen Schwingen in feierlichem Legato dem Licht der Sonne entgegenzustrecken, kam heftiger Wind auf, und das Wasser kräuselte sich zum Glissando, als müsste es eine aufregende Neuigkeit verkünden.
Die Sonne hatte alle ihre Strahlen zum Teich geschickt, und der Tag schien bereit, ein ganz besonderer zu werden.

Er stand noch immer, den Blick angespannt eben dorthin gerichtet, von wo er selbst gekommen war. Die Sonnenstrahlen wiegten sich zum süßen Klang aus Sehnsucht und Erwartung, so leicht, als hätten auch sie kleine Flügel bekommen. Immer schneller und immer tiefer ließen sie sich zügellos hinein ziehen in den Tanz, um schließlich vom Sog des Stimmengewirrs mitgerissen zu werden in den Zauber.
In ihrem überschwänglichen fiebrigen Tanzeifer hatten die Strahlen den Höhepunkt ihres sonnigen Daseins erst wahrgenommen, als sich die erregten Töne des schäumenden Wassers mit den zärtlich schwingenden der Lüfte vereinig-

ten hatten, und das größte Klangfest feierten, das jemals ans Ohr des Licht gedrungen war.
Während das Wasser und die Luft den Tönen wieder die Freiheit schenkten, die sie brauchten, um sich in der Klangschale erneut zu vereinen, kehrten die Sonnenstrahlen nach Hause zurück, und sangen den Beiden hoch oben über dem Wasser ein warmes, rotes Schlummerlied.
Die Klänge der Nacht trugen die Hoffnung behutsam ans Licht des nächsten Morgens, und übergaben sie der Liebe des Storchenpaares, das in seinem Nest am Kamin die Flügel ausbreitete, um sie zu empfangen.

Und die Klänge des Cellos aus Bachs Suiten werden sie auf ihrem Flug begleiten
bis in alle Ewigkeit.

Bodenstudien

So weit das Auge reichte, war der Boden ausgedörrt. Die tiefen Risse gaben Zeugnis von seinem geschundenen Dasein, auf dem kein Leben mehr möglich zu sein schien, bis es endlich eine Wolke geschafft hatte, sich vor die erbarmungslose Sonne zu schieben, und der erste, lang ersehnte Tropfen des erlösenden Regens vom Himmel fiel. Kurz darauf stahl sich ein kleines grünes Blatt ins Bild der trostlosen Landschaft. Es sollte die Wendung bringen. Ein zweites und ein drittes gesellte sich hinzu, und bald gab es kein Halten mehr. Im Vollton übermütigen Blätterrauschens wiegte sich das Grün im nassen Zauber. Die Welt hatte sich mit einem Mal verändert. In zügellosem Übermut erbebte das eben erst noch dürstende Land und verteilte seinen Klang in verschwenderischer Freizügigkeit und übertönte die leisen Basstöne, die dumpf aus den tiefsten Tiefen des steinigen Untergrundes grollten, als die Sonne erbarmungslos die sengenden Strahlen auf das Blattgrün schickte, und langsam sein Schwingen zum Verklingen brachte.
So weit das Auge reichte war der Boden ausgedörrt, und die tiefen Risse gaben Zeugnis von seinem geschundenen Dasein.

Das Ende der Geschichte konnte er auswendig.
Diese und noch viele, viele andere Geschichten las die Großmutter Paul Abend für Abend aus dem *“ Buch der*

Erde" vor. Und Paul konnte nicht genug von ihnen bekommen, obwohl er danach nicht einschlafen konnte, weil er nachdenken musste.

Paul und Claire bereiteten sich gewissenhaft auf die bevorstehende Prüfungsarbeit in Pflanzenkunde vor, deshalb hatten sie sich in letzter Zeit besonders eingehend mit den unterschiedlichen Bodenarten beschäftigt. Sie sollten keinen unmaßgeblichen Anteil am Pflanzenkleid unserer Erde haben. Die beiden hatten sich beim Studium kennen gelernt. Paul wuchs als sechstes Kind einer Bergbauernfamilie auf und brachte jede Menge praktische Erfahrung und tiefe Naturverbundenheit mit. Claire war das einzige Kind eines Professorenehepaares, lebte schon immer in der Großstadt, kannte sich in der virtuellen Pflanzenwelt bestens aus, und hatte damit alle theoretischen Voraussetzungen für das Studium.

Sie ergänzten sich gut und waren bald ein eingespieltes Team. Paul, der Bergbauernsohn, gab Claire, dem zarten Pflänzchen aus der Stadt, den festen Untergrund, während Claire für ihn die leichte Humusschichte war, die ihn an sich wachsen ließ. Nach erfolgreichem Abschluss ihrer Studien beschlossen sie, auch weiterhin zusammen zu bleiben, und gemeinsam den Boden des Lebens zu bebauen. Paul zog es zurück in die Berge, und Claire folgte ihm, nicht zuletzt ihrer Doktorarbeit wegen, in der sie sich dem Nadelbaum im Südtiroler Fleimstal widmen wollte.

Dazu muss man wissen, dass sie, als Stadtkind, die Möglichkeit des Besuches einer Musikschule schon im zarten Alter von vier Jahren hatte. Zu Hause stand ein großer Flügel, den die Mutter bespielte. Der Vater war sogar ausgebildeter Geiger, obwohl er dann doch als Professor der Geologie an der Universität lehrte. Sie spielte Geige nicht

nur mit großer Leidenschaft, sondern auch mit großem Können. Und so lag es nahe, sich mit eben diesen Nadelbäumen eingehend zu beschäftigen.
Claire und Paul hatten sich in einem Hof im Tal am Fuße des Berges, auf dem Pauls Eltern noch immer den Bergbauernhof bewirtschafteten, ein gemeinsames Leben aufgebaut, und Claire hatte ihre Doktorarbeit beendet. Nur die Einleitung fehlte noch. Sie suchte noch nach den geeigneten Worten, mit denen sie den Nährboden beschreiben konnte, auf dem sie ihre Arbeit hatte anbauen und wachsen lassen können.
Schließlich schrieb sie:

VORWORT

Der würzige Geruch des Holzes zog ihn magisch an. Wie ein Waldgeist spürte er die Nadelbäume durch ihr feines Aroma auf. Wenn er einen Baumstamm für einen besonderen hielt, schien ihn schon sein bloßer Anblick zum Klingen zu bringen. Wie ein Specht, nur nicht nach Käfernahrung, sondern nach Klängen suchend, klopfte er einmal kräftig, ein zweites Mal weniger heftig, mit dem Knöchel seines Zeigefingers der rechten Hand auf Augenhöhe auf den Stamm. Behutsam, fast zärtlich, legte er dann beide Hände mit leicht gespreizten Fingern an die Rinde, um danach noch einmal anzuklopfen, und gleich darauf ein Ohr anzulegen, so, als wollte er die Antwort auf seine Bitte um Einlass abwarten. Eine leise Freundschaft bahnte sich zwischen den Beiden an, wenn er seinen Blick nachdenklich gespannt über die Rinde hinunter bis zu den Wurzeln in den feuchten moosigen Waldboden, und aufwärts bis zum Wipfel hin streifen ließ. Seine Lebensgeister gerieten in

einen Sturm der Erregung, wenn sich das Bild vor seinen Augen mit dem Klang in seinem Ohr zur Vollkommenheit zu mischen schienen.
So oder so ähnlich wird wohl die Suche des Herrn Stradivari nach dem geeigneten Holz für den Boden der noch heute, hunderte Jahre später, einzigartigen Geigen gewesen sein. „Was der Boden für den Baum, ist der Boden für die Geige", hört man sie singen, wenn sie gespielt wird.

Sie schrieb noch eine Widmung *"Für Paul"* auf die Innenseite ihrer Arbeit.

Ich hoffe, wir werden ein guter Nährboden für unsere Kinder sein.

In Liebe Claire

Verklungene Zeit

Es war spät geworden. Auf dem Schreibtisch lag das Blatt Papier, weiß und unbelebt.
Sie saß mit nachdenklichem Gesicht darüber gebeugt davor. Die Feder, ein Erbstück des Vaters, seit Generationen in Familienbesitz, wie der Schreibtisch auch, lag geöffnet schräg am rechten oberen Rand des Schreibblocks. Es hatte den Anschein, als wäre die Zeit vor vielen Jahren stehen geblieben oder angehalten worden, um ein Geheimnis zu bewahren.
Sie hörte ihn spielen. Er spielte immer um diese Zeit. Sie hörte die bekannten Stücke. Er spielte sie immer um diese Zeit. Und doch war alles irgendwie anders. Spielte er schneller oder spielte er lauter? Oder vielleicht genau das Gegenteil davon? Sie wusste es nicht, konnte es nicht einordnen. Alles erschien ihr so rätselhaft. Zögernd schaute sie an sich hinunter und fragte sich, ob sie ihr eigenes Ich meinte. Sie war fast erstaunt darüber, dass sie sich irgendwie gleichgeblieben fühlte. Sie hatte sich wohl an sich gewöhnt in all den Jahren. Sie waren durch sie hindurchgegangen, um danach zu entschwinden.
Ihr Hören wurde mehr und mehr zu einem Hinhören. Es wurde aufmerksamer, hingebungsvoller. Die Töne formierten sich in ihrem Bewusstsein zu bekannten Klängen, und schienen doch gerade in diesem Augenblick neu erschaffen worden zu sein. Es war dasselbe Musikstück, das sie vor vielen Jahren zum ersten Mal hörte. Von ihm hörte. Wie war es möglich, es als dasselbe wieder zu erkennen? Ihr Ich von damals vereinte sich mit dem Ich vom Jetzt für

diesen einen Moment und versicherte ihr, dass das eben Gehörte das von damals war. Auch wenn der Klang ein anderer war. Hatte er sich verändert? Oder doch sie sich?

Sie konnte nicht sagen, wie viel Zeit verklungen war, als sie seine Stimme sagen hörte, dass es spät geworden sei, und dass es immer später werde, und sie stimmte ihm zu, dass die Zeit jetzt immer schneller vergehe, und dass es in der Vergangenheit leichter gewesen sein musste, sie anzuhalten.

Dadurch war es nur zu verständlich, dass sie die Geschichte über den alten Schreibtisch wieder nicht zu Papier gebracht hatte.

Die Hoffnung, einen Aufschub ihrer verklungenen Zeit gewährt zu bekommen, lässt sie an ihrem Leben mit Neugier festhalten.

Aber das alte Stück soll das Geheimnis seiner verklungenen Zeit auch weiterhin bewahren dürfen.

Die tonlose Kugel

Oder
Was er nicht wissen konnte

Vergeltung wollte er nicht üben. Das war nicht seine Art. Aber nachdenken wollte er. Darüber, wie es so weit hatte kommen können. Wo doch am Anfang alles gut war. Damals.
Rund um ihn herum war es dunkel und still, und nichts regte sich. Nach langem und reiflichem Überlegen hatte er sich entschlossen, sein Vorhaben rasch umzusetzen und zügig durchzuziehen. Sechs Tage wollte er sich dafür Zeit nehmen, und danach würde er sich einen freien Tag gönnen.
Der erste Tag stellte keine besonders große Herausforderung für ihn dar, hatte er sich doch nichts Anderes vorgenommen, außer genügend Platz zu schaffen. Er konnte aus dem Vollen schöpfen. Und weil er alles wusste, wählte er die Kugel als ideale Form. Auch am zweiten Tag war ihm die selbstgestellte Aufgabe ohne übermäßige Anstrengung gelungen. Schon seit einer ganzen Ewigkeit wollte er die Finsternis um sich herum erhellen, und deshalb steckte er über die Kugel eine riesige Lichtquelle, und weil sie ihm so gut gefiel, platzierte er auch noch unzählige größere und kleinere Leuchten rund um sie herum, damit es auf seiner Kugel nie ganz finster sein würde. Am nächsten Tag sollte es für ihn schon schwieriger werden. Es hatte nicht viel gefehlt, und es wäre sein gesamtes Vorhaben ins Wasser gefallen. Als er nämlich herausgefunden hatte, wie er die Kugel benetzen könnte, geriet er ob des Rauschens der

Wellen in solche Euphorie, dass er der Wassermassen beinahe nicht mehr Herr werden konnte. Und in der frühen Morgendämmerung des nächsten Tages überzog er die Kugel überreich mit grünem Gras, duftenden Kräutern, bunten Blumen und hohen Bäumen. Prüfend ließ er seinen Blick über sein Tagewerk schweifen. Er schien zufrieden, und dennoch legten sich erstmals Sorgenfalten auf seine Stirn. Hatte er genug Platz geschaffen für all die Pflanzen, die er über der Kugel verstreut hatte? Er bat den Wind um Hilfe. Er sollte die unsichtbaren Tonkügelchen, die er achtsam mit genau den gleichen Eigenschaften wie die große Kugel ausgestattet hatte, gleichmäßig verteilen. Wann immer ein Pflänzchen zu wenig Kraft hätte, um ans Licht zu gelangen, könnte es sich am Klang des Ton- kügelchens stärken. Als der Wind zu ihm zurückgehrt war, und ihm von der erledigten Aufgabe berichtete, blickte er, müde zwar, aber froh, dem vorletzten Arbeitstag entgegen. Liebevoll hatte er sein Vorhaben für den kommenden Tag geplant. Er wusste, womit er die bunte Kugel bereichern wollte, und setzte Tiere, in und über und auf sie. Große und kleine, starke und schwache, wilde und zahme. Welche mit Flügeln und welche mit Beinen und auch welche mit gar keinen. Und er schenkte ihnen eine Sprache und mit ihr die Liebe. Voller Neugier betrachtete sich das Taubenpaar und lauschte den leisen Tönen, bis die Liebe es auf ihren großen Schwingen mit sich trug. Nun hatte er nur noch einen Tag, um der Kugel ihre Vollkommenheit zu verleihen, und er legte noch einmal seine ganze Kraft und Phantasie in seine Arbeit. Es sollte später einmal niemand sagen können, er hätte am sechsten Tag nicht sein Bestes gegeben. Er schuf wieder Lebewesen, und gab auch ihnen eine Sprache und die Liebe. Aber für sie hatte er noch etwas ganz Besonderes zurück behalten. Ihnen schenkte er den Verstand. Der sollte sie zu Menschen machen. Auf der Kugel würde nun alles vorhanden sein, wonach auch immer sich ihr Begehr richtete.

Die sechs Arbeitstage waren vorüber, und er gönnte sich den wohlverdienten Ruhetag. Voller Freude und Zuversicht blickte er auf seine Schöpfung. Der Anfang war gemacht. Und es war gut.

Er konnte nicht wissen, dass von der Neugier des liebenden Taubenpaares nur die Gier bei den Menschen übrig bleiben würde. Er konnte nicht wissen, dass die Menschen den Verstand ohne die Sprache der Liebe verwenden und sie durch die Sprache des Geldes ersetzen würden. Unter dem gierig schrillen Geräusch waren die leisen Töne verstummt.

Vergebens sucht der Wind seither nach ihnen und bläst sein Klagelied über die Kugel.

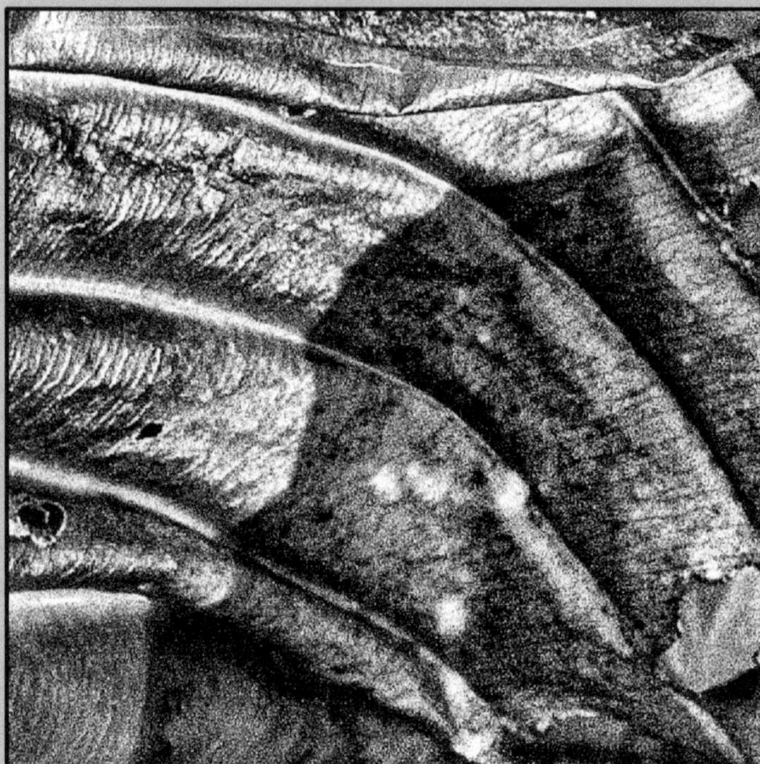

Vom Glück der Heiligen Nacht

Sie hatte ihr Bestes gegeben. Ihre Leistung war noch weit größer, als die von ihr erwartete. Julia war über sich hinausgewachsen, ja geradezu im Sturm hinaus gefegt! Alle lagen ihr zu Füßen.

Alle, außer einem. Er war am höchsten von allen gewachsen, und seine Arme ragten am weitesten nach außen. Als Einziger hatte er Julias wirbelnden Verführungskünsten standhalten können. Er war weiter unten im Tal aufgewachsen, und der Berg hatte ihm Rückendeckung gegeben. Nach nur drei Minuten war der ganze Spuk vorbei gewesen. Sie hatte sie alle in einen liebestollen Hexentanz geschickt. Ihre Wurzeln hatten sich aus der Erde gedreht und ihre Äste sich zum letzten Tango so eng umschlungen, dass ihre Stämme splitterten und nur noch als spitze Spieße aus der verwüsteten Landschaft ragten. Der süße Duft ihres ausgetretenen Lebenssaftes legte sich über die tote Stille. Der einsame Baum hielt die Totenwache. Sein zerzaustes Trauerkleid bewegte sich leise im Wind. Es klang wie ein Abschiedslied an seine gefallenen Freunde.

Am nächsten Morgen kamen sie, um den Schaden, den der Wirbelsturm Julia angerichtet hatte, zu begutachten. Und der war riesig. Es hatte den ganzen Sommer gedauert, bis das Holz aufgearbeitet und weggebracht worden war. Gleichzeitig an mehreren Stellen hatten die Kettensägen aufgeheult, und die noch aufragenden Baumreste gefällt. Die ineinander verkeilten Äste waren unter lautem Stöhnen und Ächzen zu Boden gekracht. Er erzitterte unter dem Lärm der Maschinen und dem Bersten des Holzes.

Als einziger Überlebender war er der einzige Zeuge dieses tragischen Schauspiels.
Irgendwann war es um ihn herum wieder still geworden. Als es in diesem Jahr früher als sonst schneite, schien es ihm, als müsste er allein die ganze Schneelast tragen.

Ein Holzstück klopfte seinen Stamm ab. Es fühlte sich beinahe an wie ein Specht, der mit seinem Schnabel die Käfer aus seiner Rinde pickte. Er hatte es immer gern gehabt, wenn er von ihm abgeklopft wurde. Diesmal aber war es anders. Es war kalt und keine Vogelstimmen waren zu hören. Seine Freunde waren nicht mehr da. Er vertraute seinen Kummer dem Mond an, der eben hinter dem Bergrücken aufgetaucht war.
Abermals hatten sich mehrere Männer um ihn herum versammelt und schauten ihn an und klopften ihn ab. Der gefrorene Boden knirschte unter den schweren Schuhen, als sie um ihn herumstapften. Unwillkürlich musste er an Julia denken, und plötzlich stieg in ihm die Erinnerung an den Totentanz seiner Freunde wieder hoch. Er erzitterte bis in die zarten Nadeln am äußersten Ende seiner grünen Zweige.
Inzwischen waren die Männer im Licht des vollen Mondes abgezogen, und er stand gedankenverloren und allein auf der weißen Wiese, die einmal sein Wald gewesen war.
Der Mond stand noch immer am Himmel, als die Sonne ihm durch den dichten Nebel bedeutete, dass es Morgen geworden war.
Die Männer waren wieder gekommen. Diesmal hatten sie Werkzeug mitgebracht. Sie befestigten ein gedrehtes Seil knapp unter dem Wipfel und schnürten ihm die Kehle zu. Den kreischenden Lärm nahm er nicht mehr wahr. Zu groß war sein Schmerz und sein Stürzen zu laut. Er hatte nicht

bemerkt, wie sie ihn mit einem Kran auf den Wagen gehoben und dort festgebunden hatten. Er werde in der Stadt auf dem großen Platz aufgestellt und mit Lichtern besteckt werden, haben sie ihm erzählt. Und er sollte ihnen Licht ins Dunkel der Nacht bringen, haben sie ihm gesagt.
Noch am selben Abend haben sie ihn aufgestellt, mit Stahlseilen fest verankert und mit Kabeln und Drähten umwickelt. Die Lichter, die sie ihm angesteckt hatten, brachten den kleinen Stern neben dem Mond am Himmel zum Blinzeln.
Er konnte das Glück nicht verstehen, von dem die Menschen sprachen, wenn sie an ihm vorüber hasteten.
Lange war er auf diesem Platz gestanden, bis sie sein trockenes Holz zerkleinerten und dem Besitzer seines ehemaligen Waldes zurück brachten. Er wäre gutes Brennholz, hat der gesagt. Er schlichtete seine Stücke zu einem Holzstoß auf und deckte sie mit einer Plastikplane ab, damit kein Tropfen sein Holz treffen könnte.

Ein Rotkehlchenpaar hatte zwischen den Holzscheitern sein Nest gebaut.
Es musste Frühling geworden sein. Die Jungen waren schon ausgeschlüpft und vertrauten ihre ersten Lieder in der lauen Frühlingsluft zu singen. Früher, als er noch in seinem Wald gestanden war, hatte es ihm vor lauter Glück den Lebenssaft aus den Wurzeln bis in den äußersten Wipfel hochgetrieben. Jetzt fühlte er nichts. Weder Glück, noch Trauer. Nicht einmal Angst verspürte er, als sich wieder einmal Schritte näherten. Aber niemand wollte zu ihm. Dieser Mann wandte sich dem Ort zu, an dem er einmal gestanden war.

Damals hatte man ein Stück von seinem Stamm stehen lassen. Er wäre wohl für den Abtransport zu lang gewesen, An seiner empfindlichsten Stelle hatten sie ihn damals abgesägt. Dieser Rest von ihm stand noch immer dort. Und genau dieses Stück schien dem Mann zu gefallen. Sehr sogar, denn er pfiff unentwegt mit den Rotkehlchen um die Wette.

Wollten sie nun auch noch das letzte Stück von ihm haben? Es war ihm gleichgültig, was sie damit vorhatten. Er konnte nicht ahnen, dass ihm das Beste, was jemals einem Baum passieren konnte, noch bevorstehen würde.

Der Sommer war schrecklich heiß gewesen. Die Wiese, früher ein weicher feuchter Waldboden, war jetzt hart und ausgetrocknet, das Gras verdorrt und braun.

Jemand musste das restliche Stück von seinem Baumstamm noch vor der großen Hitze abgeholt haben. Seine Holzscheiter waren trocken genug, um gleich zu Beginn der kalten Jahreszeit verheizt werden zu können. Er wäre gutes Brennholz, haben sie gesagt.

In der längsten Nacht waren nur noch wenige Scheiter übrig. Der kleine Stern hat in dieser Nacht sein Bestes gegeben. Er funkelte und blinkte so hell, dass selbst der volle Mond neben ihm blass aussah.

Auf dem großen Platz in der Stadt stand heuer kein Weihnachtsbaum. Es war keiner mehr übrig gewesen. Und die Lichter hätten sie wegen dem Schutz für die Umwelt, wie sie überall erzählten, auch gar nicht gestattet. Heuer stand ein Mann auf dem Platz, der Weihnachtslieder auf einer Geige spielte. Seine Freundin Julia stand neben ihm und strahlte vor Glück. Er habe seine Geige selbst gebaut, und das Holz dafür habe er sich aus dem Wald geholt, hat er erzählt.

Und die Menschen blieben stehen und hörten ihm zu.
Sie sagten, dass seine Geige schön klingen würde, und sie glücklich wären, dass er hier spielte.

Range-, Liebe- und andere -leien

Wir alle haben fünf Sinne,
aber erst der sechste
macht uns zu Menschen

Getwitter

Herr Meise sitzt in seinem Nest
hoch auf dem Baum
tief im Geäst
und denkt:
Ach, wie bin ich so allein,
wie gerne wäre ich zu Zweien!
Gleich zwitschert er so laut er kann,
fängt hundertmal von vorne an.
Ein Weibchen sollte ihn erhören,
will es mit Manneskraft betören.
Am Bachesrand sitzt Fräulein Meise,
schickt ihr Gezwitscher auf die Reise.
Denn auch sie ist so allein,
und, wie kann es anders sein,
sie denkt:
Ich wär‘ so gern zu Zweien!
Sie zwitschern beide hin und her
Bis dass des Einen Akku leer.
- Aus - Vorbei -
die Zwitscherei,
Herr Meise sitzt im Nest alleine,
Frau und Kinder zwitschern keine.

Wettstreit der Giganten

Es war einmal, man glaubt es kaum,
ein Kürbis, rund, nett anzuschauen,
doch ehe man es sich versah,
droht Ungemach von fern und nah.
An einem dünnen Stängel nur,
wie an einer Angelschnur,
hängt sie nun, die Riesenkugel
ein zwanzig Kilo schwerer Mugel,
kam doch erst vor ein paar Wochen,
als kleiner Keimling angekrochen.
Und nun war's um den Zaun geschehen.
Die Latten alle schief,
es war zu sehen.
Das Drahtgeflecht, total verbogen.
Das Ding hat sich dort hochgezogen.
Die Blätterpracht ist nicht zu stoppen.
Als wolle sie den Mann dort foppen,
der mit strenger Miene wacht
dass nicht der Lattenzaun noch kracht.
Er hat's gewusst! - Er hat's gesagt!
Schon letztes Jahr hat ihn geplagt
des Kürbis' ungeziemt Verhalten.
Wo er doch muss die Welt verwalten!
Wo komme man denn da nur hin,
wenn so ein unverschämtes Ding
über seinen Gartenzaun
die Welt von oben wollte schauen!
Wild entschlossen, eins zwei drei

eilt er mit dem Beil herbei.
Spricht: „Das wollen wir doch sehen,
dir wird das Lachen schon vergehen.“
Gesagt, getan.
Der Stängel bricht-
Die Kugel fällt -
Ein Schrei ergellt.
Und ehe ich es mich verseh,
Ist platt gedrückt die große Zeh.
Oh welch ein Weh, oh welch ein Ach!
Im Hause ist nun groß der Krach.
Die Zeh des Mannes ist gebrochen.
Nie wieder Kürbis!
Ich hab´s versprochen.

Das Selfie

Links, die nette Brunette,
das ist Bernadette.
Neben ihr, der mit Krawatte,
das ist ihr Gatte.
Rechts davon ist Lieselotte,
eine Flotte, in der Klamotte!
Gleich daneben, die gelbe Karotte,
ist der Sohn von Lieselotte,
hat von der Mutter die Marotte.
Oben rechts, diese Kokette,
flirtet heftig, die Anette.
Der mit den Streifen auf der Hose
das ist Bobby, der Matrose.
Neben ihm mit saurer Miene
seine Freundin, die Sabine.
Ganz vorne in der Mitte steht,
Kinder, wie die Zeit vergeht,
that's myself
Elisabeth

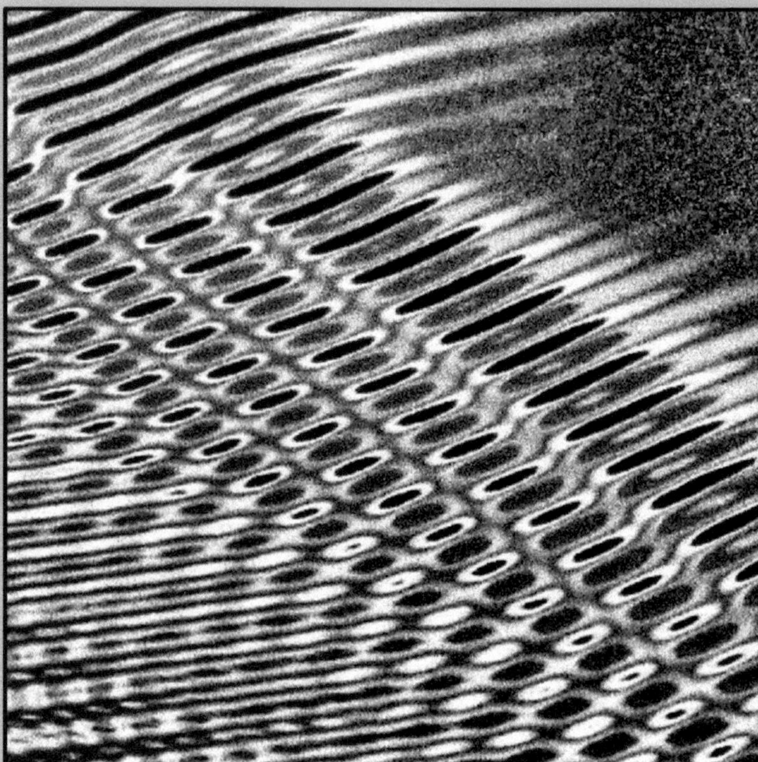

DIALOG am Sonntagmorgen

Sie: *(schläft noch)*

Er: *(weckt sie, stöhnt*) Ich habe Halsweh!

Sie: *(öffnet die Augen, wendet sich ihm freundlich zu*) Soll ich dir Tee machen?

Er: *(etwas unwillig, leidend)* Ich vertrage keinen Tee, wenn ich Halsweh habe.
(mit Nachdruck) Haben wir keine Lutschtabletten?

Sie: *(bedauernd)* Nicht hier im Schlafzimmer, *(ihm liebevoll zulächelnd)* Ich gehe hinunter und hole dir welche.
(eilt die Treppe vom Dachgeschoß in den Parterre zum Medikamentenschrank.)

Sie: *(kommt zurück, tippt ihm sanft auf die Schulter, flüstert)* Ich habe dir die Schachtel mit den Lutschtabletten gebracht.

Er: *(unwirsch)* Warum weckst du mich auf?
(dreht sich auf die andere Seite, will weiter schlafen)

Sie: *(drängend)* Aber du wolltest doch Lutschtabletten haben!

Er: *(voll wach, mit Nachdruck)* Ich habe kein Halsweh.

Sie: *(seufzt deprimiert)* Dann lutsche eben ich eine.

Er: *(in leicht vorwurfsvollem Ton)* Siehst du, jetzt hast du Halsweh, weil du gestern im Wind draußen im Garten gearbeitet hast. *(die Stimme zum Lehrton angehoben)* Ich habe dir noch gesagt, dass du krank werden wirst!

Sie: *(resigniert)* Du hast ja Recht!

(tonlos) Heute ist der 8. März, Weltfrauentag.

Er: *(schluckt, räuspert sich, wendet sich ihr zu)*!
O, je!
Jetzt hast du mich angesteckt.
Ich habe Halsweh.

Maria mag Marzipan nicht

„Sag schön danke“, forderte sie höflich aber bestimmt die kleine Maria auf, als sie das süße Bonbon von Tante Beatrix aus der Schachtel nahm. Viel lieber hätte sie ja die ganze Schachtel gehabt. Nicht etwa, weil ihr die Bonbons so gut geschmeckt hätten, im Gegenteil. “Marzipan“ mochte sie gar nicht, und die rochen verdächtig danach, sondern weil auf der Schachtel goldene Buchstaben in wunderschöner Schnörkelschrift aufgedruckt waren. Und obwohl sie noch nicht richtig lesen konnte, sie war gerade erst vier geworden, hatte sie mit ihrem mädchenhaften Spürsinn, der Vater nannte sie deshalb auch Naseweis, beim ersten Anblick der Schachtel sofort die Buchstaben ihres Namens erkannt. Und beim Punkt über dem i gab es für sie keinen Zweifel mehr. Diese Schachtel konnte nur ihr zugeteilt sein. Sie war ganz sicher, die einzige Maria hier weit und breit zu sein. Tante Beatrix blickte inmitten der umstehenden Verwandtschaft, die auf Besuch gekommen war, und für die sie für jeden ein Begrüßungsmarzipanbonbon vorgesehen hatte, entrüstet schweigend, hinter der mit der Schachtel samt restlichem Marzipanbonboninhalt selig davonhüpfenden Maria her. Kurz bevor sich die Tante gegenüber der Verwandtschaft über die Ungezogenheit des Kindes und diese ihrerseits Entschuldigungen wegen dessen ungebührlichen Verhaltens zu formulieren versucht hatten, kippte in fallender Terz aus der Tür zum Nebenzimmer ein kurzes, herzhaftes, „Danke“ heraus.

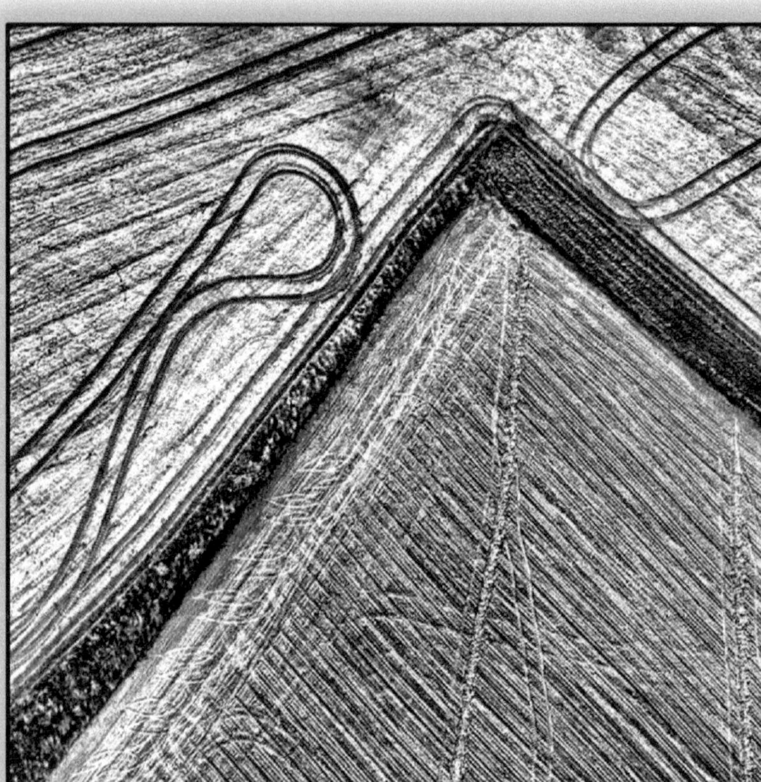

Der Traum des Luftballons

Sie hingen im grünen Dach des Nussbaumes. Ein paar hielten sich auf halber Höhe fest, die meisten hatten es in die oberste Baumkrone geschafft und verweilten dort noch für einen Augenblick, bevor sie der Wind achtsam, fast zärtlich, einen nach dem anderen dem Spiel der Lüfte überließ. Schließlich waren sie am Horizont zu klein für die Augenpaare geworden, die ihnen wehmütig gefolgt waren. Einige hatten sie schon vorher aus dem verschwommenen Blick verloren. Die Gedanken waren frei wie die bunten Luftballons, die da soeben in eine unbekannte Zukunftslandschaft davonflogen.

Erst jetzt bemerkte sie die übermütig schrillen Stimmen, die sie von allen Seiten her wild durcheinander kreischend ziemlich unsanft auf die Erde zurückholten. In diesem Augenblick wünschte sie sich nichts mehr, als einer von den Luftballons zu sein. Am besten ein himmelblauer, um unsichtbar zu bleiben. Sie war sich nicht sicher, ob sie den ihren hätte mit Namen versehen wollen, so wie alle anderen. Wozu hätte sie denn dann fortfliegen sollen? Ihr Wunschballon war geplatzt noch bevor sie ihn fertig gemalt hatte, wie alle ihre anderen dünnhäutigen Traumblasen auch nicht heil an der zugespitzten Zeit vorbeigekommen waren. Aber sie hat sich immer wieder neue geblasen und immer wieder gehofft, die würden es schaffen. Es war spät geworden, bis die Letzten gegangen, und die Reste des Abschlussfestes ihrer Schulkinder beseitigt waren. Und als sie so in den Nachthimmel schaute, in die Richtung, in die der Wind die Luftballons fortgetragen hatte, da wusste sie

mit einem Mal, dass keine einzige ihrer Traumblasen zerplatzt war. Sie hatten sich nur versteckt, in jedem Luftballon eine andere.
Vierundzwanzig Luftballons, gefüllt mit ihren Traumzeitwunschblasen flogen dem Leben entgegen.

Nicht viele Träume werden wahr.
Ihre wurden es.

Das Märchen vom Zauberbild

Es war einmal ein Zauberer, der eigentlich gar kein Zauberer war.
Er lebte in einem Schloss, das eigentlich gar kein Schloss war.
Und er zauberte, obwohl er eigentlich gar nicht zaubern konnte.
In seinem Haus gab es eine dunkle Kammer rechts unter der Holzstiege, und es gab eine Dunkelkammer im Oberstock neben der Küche. Die Bestecklade der Küchenkredenz musste geschlossen sein, wenn die Tür in die kleine Kammer, die vom Vater ihrer eigentlichen Bestimmung als Abstellraum beraubt worden war, geöffnet werden sollte. Dort hatte er sich nämlich sein Fotolabor, wie er die Kammer stolz benannte, eingerichtet. Wir Kinder sagten Dunkelkammer dazu. Das Los entschied, wer von uns mit in die Kammer hinein durfte, weil es nur Platz für Zwei darinnen gab. Eigentlich hätte es ja Kämmerchen heißen müssen, noch dazu, wo sich doch mein Vater augenblicklich in einen Zauberer aus dem Märchenland verwandelte, sobald er es betreten hatte. Wer es einmal mit ihm hinein geschafft hatte, der wurde schon bei der ersten Handlung, der Entnahme des Films aus der Kamera im völligen Dunkeln, Zeuge seiner Zauberkräfte. Kein einziger Lichtstrahl wagte es, die Dunkelheit zu durchbrechen, wenn er die Kurbel zum Zurückspulen betätigte, um danach die Spule mit dem Film aus dem Fotoapparat heraus zu nehmen. Erst jetzt durfte der schwache Schein einer milchglasgedämpften Glühbirne die kleine Kammer freigeben. Auf dem

schmalen Tisch, der mit einem wasserfesten Tuch aus Wichsleinwand abgedeckt war, standen drei flache rechteckige Wannen aus Aluminium, eine jede gefüllt mit Zauberwasser, das in keiner Hexenküche und schon gar nicht in einer Zauberwerkstatt fehlen durfte. Der Vater sagte Fixierwasser dazu. Daneben auf dem quadratischen Küchenhocker stand der Belichtungsapparat. Dieses selbstangefertigte technische Wunderwerk war ein weiteres Zeugnis seiner zauberhaften Fähigkeiten. Es bestand aus einem bienenstockähnlichen Holzkasten, in dem eine Öffnung für eine Glasplatte ausgespart war, auf welche das schwarz - weiße Celluloidstück aus der Spule mit dem Gesicht nach unten, und auch noch seitenverkehrt gelegt werden musste. Darauf wurde dann das fein säuberlich quadratisch zugeschnittene Fotopapier gelegt. Ein laubgesägter Deckel aus Sperrholz mit zwei Scharnieren zum Öffnen und Schließen war an seiner Unterseite mit einem grünen Filzfleck kratzsicher ausgepolstert, und an der Oberseite klebte eine kleine schwarzlackierte Holzkugel. Die Belichtung setzte ein, sobald der Deckel vorsichtig mit dem Knopf nach unten gedrückt und der Kasten geschlossen wurde. Das war übrigens meine Aufgabe in der Zauberkammer. Ich also war es, die dem grünen Lämpchen unter der Glasplatte sein fahles Licht entlockte. Der Vater nannte mich deshalb auch seine Prinzessin! Spätestens jetzt durfte kein Mucks mehr die Stille stören, denn für die Belichtungszeit mussten die Sekunden gezählt werden. Es war mir nie klar, warum der Vater wusste, wie weit er zählen musste. Ein Zauberer hatte das wohl im Blut. Auf dem Papier war auch nach den gefühlten verstrichenen Sekunden noch immer nichts zu sehen. Langsam machten sich leise Zweifel an seiner Zauberkraft breit, um gleich darauf wieder zerstreut zu werden.

Er nahm zwei schmale Stäbchen, die an einem Ende zusammen gehalten wurden, von ihm Pinzette genannt, und tauchte damit das weiße Blatt in das erste Zauberwasser ein. Ganz langsam legte sich ein geheimnisvoller grauer Schleier über die glatte Oberfläche des Papiers, wonach dieses im zweiten Zauberwasser so lange an der Pinzette, sie musste sein Zauberstab gewesen sein, hin und her gezogen wurde, wobei der Schleier mehr und mehr Geheimnisse des verborgenen Bildes preisgab. Unter der kleinen Glühbirne, die an einem Kabel von Spinnweben umnetzt von der Decke hing, steckten wir die Köpfe zusammen, um das Motiv auf dem Bild erkennen zu können. Der Lohn des Zauberers nach einem gelungenen Zauberstück war der begeisterte Jubel der Prinzessin, die ihm beim Zaubern hatte helfen dürfen. Das tropfnasse Bild wurde an einer über dem Türstock befestigten Wäscheleine mit einer Holzkluppe zum Trocknen aufgehängt. Wie sich an einem Waschtag im Zauberschloss die Wäsche Stück für Stück aneinander reihte, so hingen bald alle Bilder auf der Leine, erzählten ihre Geschichten und weckten die Erinnerungen an die Urlaubs - und Festtage.
Alle Bilder wurden schließlich von meiner Mutter an ungezählten Abenden chronologisch auf graues, gelochtes Kartonpapier geklebt und mit selbst gedrehten Schnüren zu Fotoalben gebunden, nicht ohne vorher noch mit schwarzer Tusche und feiner Feder unter jedes einzelne Bild eine Anmerkung zu Person, Ort und Zeit geschrieben zu haben.

Der Zauberer und seine Frau sind vor vielen Jahren gestorben, in den Bildern aber leben sie noch heute.

Frühlingserwachen

Durchs Fenster glänzt der Schein der Sonne
Taucht den Tag in Frühlingswonne.
Fräulein B im Modelkleid,
schwarz-gelb gestreift und nicht zu weit,
bereit
zum Rendezvous im Garten.
Die Freunde werden dort schon warten.
Immer kommen sie hierher
Und trinken alle Kelche leer.
Tanzen fröhlich in der Runde,
süßer Duft in aller Munde.
Und behände, eins zwei drei,
weil der Ausflug schon vorbei,
schlüpft sie durchs Loch hinein ins Haus
und zieht ihr gelbes Höschen aus.

^^^^^^^^^

Verzeihung, wenn ich Sie geschockt,
sie hat im Bienenhaus sich eingeloggt.

Ein neuer Anfang

Es hatte sich inzwischen herumgesprochen, dass man sich wieder hinaus wagen konnte. Langsam räkelte sich ihre Welt wieder ins Leben zurück. Erst jetzt spürte sie, wie schwer ihr die Zeit der Entbehrungen gefallen war, und wie hart die Stille und die Einsamkeit gewesen waren. Um die Kälte der langen, finsteren Tage abzuwehren, hatte sie sich immer mehr in ihr schützendes Zuhause zurückgezogen. In Wahrheit hatte sie sich auf das nahende Ende vorzubereiten versucht. Dass in ihm ein Anfang verborgen sein würde, lag zu diesem Zeitpunkt außerhalb ihres Vorstellungsvermögens, weshalb sie das zaghaft aufkeimende Gefühl zunächst nicht als Vorfreude auf etwas, was sie so schmerzlich vermisste hatte, deuten konnte. Erst als sie diese Kraft in sich spürte, kramte sie den reichen Erfahrungsschatz vergangener Jahre aus ihrem tiefsten Inneren hervor und wagte sich damit zurück ins Leben. Sie öffnete nur einen schmalen Spalt ihres Winterquartiers und streckte gleich dem ersten warmherzigen Sonnenstrahl beide Arme freudig entgegen, als wollte sie mit ihm in die erwachte Welt hinaus tanzen.

Ihre leuchtend roten Wangen verströmten eine überschwängliche Glückseligkeit, als ein Schmetterling seinen ersten Frühlingstrunk aus ihrem Kelch zu sich nahm.

Die Erinnerung an diesen süßen Kuss wird sie auch den nächsten Winter überstehen und einen neuen Anfang wagen lassen.

Die große Liebe

Ob er kommen würde?
Und würde er pünktlich sein?
Er hatte sich angekündigt. Aber das musste nichts heißen.
In letzter Zeit war er etwas kühler gewesen und sie war sich gar nicht sicher, ob er überhaupt kommen würde. Und pünktlich war er wohl nur selten gewesen.
Obwohl, da gab es auch die Erinnerungen an schöne Tage und sogar an besonders heiße Stunden. Ihre Zweifel waren den Träumen gewichen, und deshalb entschloss sie sich doch, das sommerliche Kurze, das trägerlose Transparente überzuziehen.
Das Warten hatte schon zu lange gedauert. Sie wollte ihn draußen vor dem Haus begrüßen, wenn er kam.
Er war gekommen!
Er strahlte ihr entgegen und überreichte ihr den schönsten und duftendsten Rosenstrauß.
Er umfing all ihre Sinne so heftig, dass ihr ganz heiß wurde.
Der Sommer war und ist ihre große Liebe.

Späte Freundschaft

Stark und groß, mit einem breiten, genüsslichen Grinsen im Gesicht, stand er eines Tages vor ihrem Haus. Sie hätte ihn ziemlich unsympathisch gefunden, wären da nicht diese dunklen warmen Augen gewesen.

Seit Wochen schon hatte sie ihn beobachtet. In der Ferne, fast unbemerkt, hatte er sich am Waldrand zwischen den leicht buntbedruckten Blättern herumgetrieben und sich an den Pilzen und Beeren zu schaffen gemacht.

Vielleicht war er ja sogar die Nacht über dort geblieben, um sich dann im frühen Morgennebel ihrem Haus zu nähern. Er war ihr vom ersten Augenblick an unheimlich gewesen, und doch hatte sie sich irgendwie zu ihm hingezogen gefühlt. Ihr war, als wollte sie ihn gar nicht aus der Nähe kennen lernen. Wenigstens jetzt noch nicht. An manchen Tagen hatte sie ihn sogar ganz vergessen, oder ihn in ihrer rastlosen Geschäftigkeit nicht wahrgenommen. Wenn sie dann irgendwo irgendetwas von ihm entdeckte, war sie ganz froh, dass er ihr nicht näher kam. Auf diese Weise war ihre Bekanntschaft über viele Tage geheimnisvoll geblieben.

Sie begann schließlich diese leisen, zaghaften Begegnungen mehr und mehr zu genießen, ja sie vermisste seine Zeichen, wenn er ihr keine zukommen ließ. Manchmal fragte sie sich, was daraus wohl noch werden würde.

Und jetzt stand er vor ihr, wo sie sich doch noch gar nicht darüber im Klaren war, ob sie ihn denn mögen würde. Er hatte ihr keine Wahl gelassen. Was hatte er sich nur dabei gedacht, sie einfach so zu überfallen?

Jetzt erst bemerkte sie, dass sie ihn weder begrüßt, noch ins Haus gebeten hatte.
Es fröstelte sie ein wenig, obwohl die Sonne schien. Aber die stand schon ziemlich tief am Himmel, und der Obstbaum vor ihrem Haus legte seinen langen Schatten über die Eingangstür. Der Wind, der gerade noch sanft durch ihr blassblondes Haar gestreift war, hatte sich ganz plötzlich zu einem heftigen Stoß aufgebäumt und die Haustür mit einem lauten Knall zugeschlagen.
Da stand sie nun unausweichlich neben ihm.
Um ihm nicht in die Augen blicken zu müssen, schaute sie verschämt über seine Schultern zurück zum Obstbaum, wo die letzten Sonnenstrahlen den roten, reifen Früchten ihren Glanz verliehen.
Die unbestimmte Angst von vorhin war einem Gefühl von Zufriedenheit und Dankbarkeit gewichen.
Mit einem zaghaften Lächeln auf den Lippen bedeutete sie ihm, mit ihr Haus zu gehen.
Nach der rastlosen Betriebsamkeit des Sommers sah sie die Zeit gekommen, ihn freundlich bei sich aufzunehmen.
Er blieb bei ihr, bis der Winter kam, um sie abzuholen.

Eiskristall

Mehrere Tage und Nächte dauerte der Eisregen nun schon an, und ihr Haus drohte von der Last des gefrorenen Wassers erdrückt zu werden. Erschöpft und verzweifelt versuchten sie mit Stahlseilen die Träger ihres Hauses zu sichern. Die Eisblumen an den Fenstern hatten einen weißen Teppich gewebt, auf dem die einzelne Blume nicht mehr zu erkennen war. Der Ausblick aus ihrem Haus war ihnen verwehrt. Sie waren Gefangene in ihrem eigenen Zuhause. Bald waren auch die Wege im Inneren ihres Hauses gesperrt. Auf den vereisten Bahnen gab es kein Vorankommen. Der kalten Luftschicht, die sich über ihnen gebildet hatte, wurde die Verantwortung für die eisige Atmosphäre zugeschrieben. Es schien, als wäre sie zu dicht, um einen wärmenden Strahl hindurch zu lassen. Es war finster und kalt.

„Jetzt kommt auch noch Wind auf“, unterbrach er die hoffnungslose Stille.

Sie setzte ihr “ Heuer gibt es keine Weihnacht“ auf die dünne Eisschicht ihres gefrorenen Hauchs.

Die anfangs gespannten Seile hingen dünn und ausgezehrt von ihren Seelengewändern. Sie hörten nicht, dass es nicht der Wind war, der an ihre Tür geklopft hatte.

Als er vor ihnen stand, ließen die Eiskristalle im Licht der Heiligen Nacht ihren Segensregen auf sie und ihren Sohn herab.

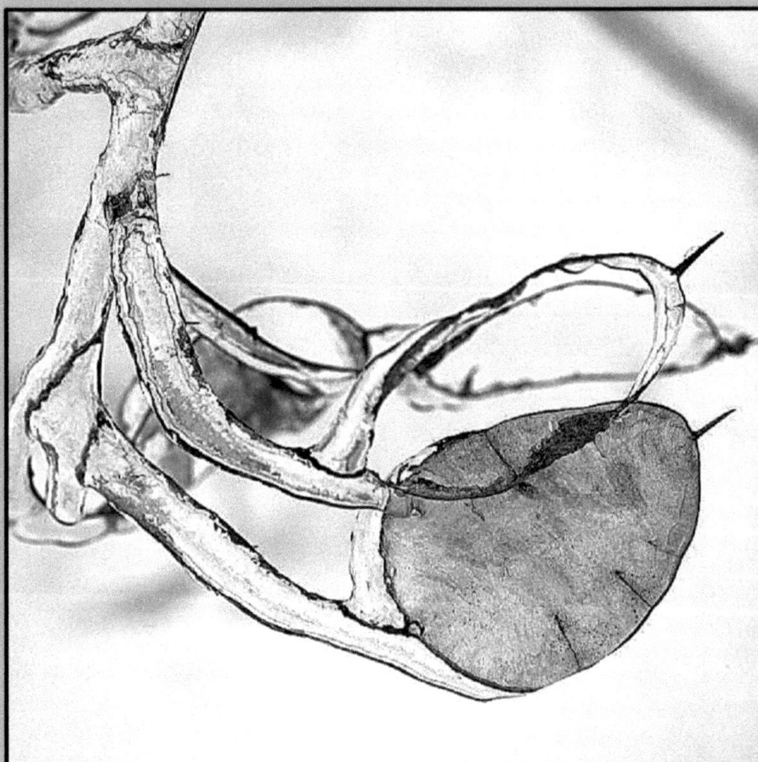

Mit System

Sie brauchte nur mit den Augen zu zwinkern. Oder beide fest zusammen zu drücken. Sie brauchte nichts zu sagen. Er wusste sofort, was sie wollte. Er las ihr jeden Wunsch von den Augen ab und beeilte sich, ihn zu erfüllen. Wenn sie dann auch noch zart über seinen Bart streichelte, war das Glück vollkommen.

Irgendwie war sie jedes Mal ein bisschen neidisch, wenn sie die Beiden dabei beobachtete, wie sie sich ohne Worte verständigten, und es völlige Übereinstimmung zu geben schien. Keine Diskussionen, keine Missverständnisse, kein Streit. Sie verstanden sich. Einfach so. Ohne Worte.

Sie war zunehmend beunruhigt und fest entschlossen, das Geheimnis zu lüften. Völlig gegen ihre sonstige Art und ihre moralische Überzeugung, begann sie, die Beiden heimlich zu beobachten. Sie bespitzelte sie geradezu. Bald hatte sie herausgefunden, dass sich die wortlose Kommunikation nicht auf die Augen beschränkte.

Obwohl sich die Erkenntnisse ihrer intensiven Beobachtungen noch immer nicht an konkreten Bewegungen festmachen ließen, gelangte sie immer mehr zur Überzeugung, dass sie noch andere Regionen ihres Körpers in der wortlosen Sprache einzusetzen wusste. Wie sonst hätte er der Aufforderung ihres langgezogenen gestreckten Körpers mit einer zärtlichen Geste der Berührung nachkommen können? Ihre Ratlosigkeit war längst einer tiefen menschlichen Enttäuschung gewichen. Sie fühlte sich gedemütigt. In ihr reifte der Entschluss, dem zunehmenden Verlust ihrer Würde Taten entgegen setzen zu müssen. Sie erstellte eine

Liste ihrer Beobachtungen. Es war kaum zu glauben, sie brachte es schließlich auf wohlunterscheidbare 50 (fünfzig)! Mit selbstzufriedener Genugtuung erstellte sie eine Tabelle auf ihrem Computer und versah die Datei mit dem Namen „Secmo", was so viel wie "Geheime Bewegungen" bedeutete und die Abkürzung für "Secret movements" war. Die traurige Selbsterkenntnis, versagt zu haben, die sich während der Überprüfung ihrer Eintragungen auf ihr Gemüt zu legen drohte, ließ eine neue Saat in ihrem nun schon reiferen Leben keimen. Ein bisher nicht gekannter Forschergeist setzte ungeahnte Gedankenströme in Bewegung. Sie hob ihre Augenbrauen und spitzte ihre Lippen, wie sie es von ihm kannte, wenn er sich wissenschaftlich beschäftigte. Es war die Lösung! Eine Sprache ohne Worte! Warum war sie nicht schon längst darauf gekommen?
Jahre hat sie an der Software gefeilt. Aber obwohl sie von Beginn an direkt mit dem Nutzer zusammengearbeitet und sich Feedback von ihm geholt hat, kann sie noch immer nicht guten Gewissens behaupten, dass ihr System störungsfrei funktioniere oder gar ausgereift sei.
Schnurrli hingegen bekommt ihr Whiskas, wenn sie zwinkert.
Und wenn sie beide Augen zudrückt, dann wird sie selbstverständlich gestreichelt.
Ihr System hat schon immer funktioniert,
einwand- und zweifelsfrei.

Aus unbekannter Ursache

Wären sie den ersten Anzeichen mit größerer Achtsamkeit begegnet, hätte es vielleicht nicht dazu kommen müssen.
In letzter Zeit hatten sich immer öfter eigenartige Laute unter die Geräuschkulisse gemischt. Niemandem konnte später der Vorwurf gemacht werden, sie nicht richtig gedeutet zu haben. Sie hatten die feinen fremden Töne gar nicht wahrgenommen. Und obwohl sich auch die Neigung der einzelnen Bauelemente verändert zu haben schien, war keinem etwas Beachtenswertes aufgefallen. Und so konnte das Unglück seinen Lauf nehmen.
Eisiger Wind war an jenem Abend über ihre Köpfe hinweggefegt, als das Bauwerk krachend in sich zusammen fiel. Im Halbdunkel konnte man die Schatten der Trümmerteile einer eingestürzten Brücke erkennen. Die Trägerelemente ragten gespenstisch in den Nachthimmel, als wollten sie fragen, was sie denn nun tragen sollten. Ihre Bestimmung war ihnen abhandengekommen. Waren sie zu schwach gebaut, oder war ihnen die Last zu schwer geworden? Vielleicht war auch der Untergrund in den Jahren ausgehöhlt worden, und hatte dem Druck nachgegeben. Ob sie jemals die Ursache für diese Katastrophe finden würden, war zu diesem Zeitpunkt völlig unklar. Zu sehr standen sie im Bann des Geschehenen. Beim Errichten des Bauwerks hätte wohl niemand gedacht, dass es einsturzgefährdet sein könnte. Die Umstände, unter der es damals errichtet worden war, hätten besser nicht sein können. Es waren nahezu ideale Voraussetzungen für eine zumindest ihr Leben überdauernde Haltbarkeit gegeben. Der Unterbau

schien nach gründlicher Prüfung und genauesten historischen Nachforschungen stabil zu sein, und die Tragfähigkeit ihrer Pfeiler war mit der Annahme größtmöglicher Belastbarkeit berechnet worden. Die Pläne zur Errichtung waren nach den langjährigen Erfahrungen ihrer Erbauer, nach bestem Wissen und Können erstellt worden. Und dennoch: Die Brücke hatte den Anforderungen der täglichen Belastungen nicht standgehalten.

Welcher der beiden Brückenpfeiler zuerst eingestürzt ist, darüber herrscht noch immer Uneinigkeit. Fest steht bis jetzt nur, dass die Aufräumarbeiten sehr lange Zeit in Anspruch nehmen werden.

Ob eine Wiedererrichtung der Brücke möglich sein wird, das wissen Sophie und Klaus noch nicht.

Die süßsaure Beere

Viele Geschichten sind erfunden. Manche sind sogar wahr. Diese Geschichte ist zu wahr, um erfunden werden hätte können.
Auf dem Heimweg von der Schule war Elsa das übliche Montagsessen in den Sinn gekommen. Jeden Montag hielt Elsas Mutter ihren Waschtag ab. Sie stand dann vom frühen Morgen bis zum späten Mittag in der Waschküche, umhüllt von einer dicken Wolke aus Dampf, der dem Kessel mit kochendem Wasser enstieg. Kaiserschmarren und Preiselbeerkompott schien der Mutter neben ihrer Montagsarbeit machbar zu sein. Elsa hatte es plötzlich mit dem Nachhausekommen gar nicht mehr so eilig. Sie mochte zwar den Kaiserschmarren, aber der Gedanke an die sauren roten Beeren im Saft, ließ sie so sauer aussehen wie die Beeren schmeckten. Mit dem Zucker ging die Mutter immer sehr sparsam um, um nicht zu sagen geizig. Das wäre für Elsa nicht weiter schlimm gewesen, wenn der Vater nicht besonders Bedacht darauf genommen hätte, dass sie von den Beeren wohl auch keine einzige übrig ließ. Sie wären so gesund, dass man sich sogar ausschließlich von ihnen ernähren könnte, meinte er. „Ich mich nicht", dachte Elsa.
Als sie zu Hause eintraf, saß der Vater mit der Mutter schon beim Mittagstisch, was übrigens so gut wie nie ohne die Schulheimkehrer vorkam und hielt ein Stück Papier in den Händen. Er schien sie nicht bemerkt zu haben, und auch die Mutter wirkte irgendwie abwesend, während sie sich nahe zum Vater beugte, um in das Papier schauen zu

können. Elsa wagte nicht einmal eine Begrüßung. Sie fragte auch nicht, warum der Vater heute schon zu Hause wäre. Elsa lud wie gewohnt ihren Schulpack im Vorraum ab und stellte ihn ordnungsgemäß auf die Bank. Elsa wollte nicht dazu aufgefordert werden müssen, denn abends wurde dem Vater von der Mutter immer Bericht erstattet, ob sich die Kinder wohl auch regelhaft verhalten hätten. Elsa fühlte, dass etwas geschehen sein musste. Hing es am Ende gar mit ihr zusammen? Es war ihr nicht ganz wohl bei dem Gedanken, dass vielleicht beim letzten abendlichen Gespräch ihre geschwisterlichen Uneinigkeiten, sie hatte dem Bruder die Schokolade aus seinem Kästchen genommen, doch zur Sprache gekommen sein könnten, obwohl sie die Verfehlung mit einer Schnittenpackung wieder gut zu machen versucht hatte. Inzwischen war auch Paul, der Schokoladenbruder eingetroffen. Eigenartigerweise sagte auch er kein Wort, obwohl er sonst meistens gleich über die Ungerechtigkeiten auf dieser Welt im Allgemeinen und der Schule im Besonderen losgelegt hatte. Er warf Elsa einen fragenden Blick zu, den diese mit hoch gezogenen Schultern und hängenden Mundwinkeln beantwortete. Sie warteten, bis auch Rosa, die ältere Schwester, aus der Schule kam. Dann löste sich der Vater endlich aus der Stille. Paul, der offensichtlich auch eine Erinnerung an eine kürzlich begangene Missetat hatte, zuckte leicht zusammen, und schaute nun seinerseits Rosa verstohlen an. Der älteste der vier Geschwister hatte montags immer am Nachmittag Unterricht. Er war schon gegangen und würde erst am Abend wieder kommen.

„Als ihr noch nicht auf der Welt wart," begann der Vater, „war ich lange fort. Im Krieg. In Norwegen. Und heute…", er sprach nicht weiter. Elsa fand, dass seine Stimme nicht so streng wie sonst klang. Es schwang sogar so etwas wie Feierlichkeit darin. Sie glaubte, sie hätte Wassertropfen unter seiner Brille gesehen. Der Vater griff mit der einen Hand unter den großen Lärchentisch, mit der anderen hielt er die Mutter fest. Er zog eine große, verwitterte, graugrüne Tasche hervor, die durch ihre zwei breiten Träger gleich als Rucksack zu erkennen war. Halb stellte, halb legte er den offensichtlich nicht ganz leeren Sack vor sich auf den Tisch, wobei es Elsa schien, ein leichtes Zittern in seinen Händen bemerkt zu haben. Er löste den Strick, mit dem der Sack oben zugebunden war und griff in die Öffnung. Gleich darauf hielt er einen mit einem verblassten roten Band sorgfältig umwundenen Stapel Briefe in der Hand. "FELDPOST" stand auf dem obersten vergilbten Umschlag zu lesen.

Es waren die gesammelten Briefe der Mutter, die sie dem Vater während seiner zweijährigen Abwesenheit an die Front geschickt hatte. Es mussten wohl Liebesbriefe gewesen sein, denn als der Vater den ersten öffnete, schmiegte sich die Mutter an seine Schulter und dicke Tränen liefen über ihre Wangen, noch bevor er zu lesen begonnen hatte.

Elsas große Schwester wagte als einzige die beinah heilige Stille mit einer Frage zu durchbrechen.

Sie wollte wissen, wie denn der Rucksack nach so vielen Jahren, es waren fünfzehn vergangen, seit der Vater heimgekehrt war, den Weg zu ihnen gefunden hätte.

„Das steht in diesem Brief geschrieben", sagte der Vater und zeigte auf das Papier, das er in Händen gehalten hatte, als Elsa nach Hause gekommen war.

Sie hätten mit ihren Kindern in den Sommerferien einen Ausflug in die Tundra gemacht, damit sie den Norden ihrer Heimat kennenlernen sollten, stand darin zu lesen, und dabei wären sie auf einen einsamen Felsen gestoßen, der aus der ebenen Landschaft hervorragte. Unter dem Felsen, im Schutz von niedrigen Stauden habe der Sohn eine Höhle entdeckt, die er erforschen wollte. Dabei sei er auf den Rucksack gestoßen, der bei ihnen zunächst für Unbehagen und Angst gesorgt hätte. Sie hätten sich schließlich entschlossen, den Fund aus dem Urlaub mit in ihre Heimatstadt zu nehmen und dort zur Polizei zu bringen. Die zuständige Behörde hätte alle weiteren Schritte eingeleitet, um heraus zu finden, ob denn der fremde Soldat am Leben geblieben, und ob die Briefschreiberin seine Frau geworden wäre.

Elsa fühlte, dass etwas Großes in ihren Eltern vorging, wenn sie auch nicht alles verstehen konnte. Aber dass sie gerade eine unglaubliche, aber wahre Geschichte erfahren hatte, das fühlte sie.

Als sie alle beim Essen saßen, erzählte ihnen der Vater vom Fliegerangriff, und er erinnerte sich genau daran, dass er den Rucksack damals zurück lassen musste, um schneller laufen zu können. Er hatte den Schatz darin nicht schutzlos den Bomben preisgeben wollen, und den Rucksack dem Schutz der Höhle unter dem Felsen anvertraut.

Und jetzt lag dieser Rucksack vor ihm. Er roch nach den Beeren, die dort oben wegen des endlosen Winters blassgelb geblieben und dem Vater auf der tagelangen Flucht die einzige Nahrung gewesen wären.

Elsa hatte an diesem Montag alle Beeren aufgegessen. Sie schmeckten süßer als sonst.

Nach vielen Jahren, Elsa glaubt, es wären fünfzehn gewesen, suchte sie mit ihren eigenen Kindern das Land im hohen Norden auf, und sie konnte von den herrlich süßen Moltebeeren, wie die Preiselbeeren dort genannt wurden, gar nicht genug bekommen.

Das andere Andere

Der Garten war in diesem Jahr besonders schön. Die üppige Blütenpracht verströmte ihre Farben und Düfte im Übermaß.
Es hatte genug geregnet in der Zeit, in der die Erde das Wasser brauchte, und dann war die Sonne stark genug gewesen, um sie zu trocknen. Man wäre fast geneigt, von paradiesischen Bedingungen zu schwärmen.
Alle, aber auch wirklich alle, fühlten sich darin so wohl, dass auch sie, die Anderen, das Übermaß für sich in Anspruch nahmen. Schon rein rechnerisch konnte sich das nicht ausgehen.
Denn was ist die Summe von Übermaß + Übermaß?
Zwei Übermaße gibt es wohl nicht.
Und wer waren eigentlich die Anderen?
Jeden Tag am frühen Morgen ging sie mit Harke und Schere bewaffnet in den Garten und entfernte voll Eifer diejenigen, die nicht dazu gehörten. Den Un-Kräutern, so meinte sie, müsste man gleich von Anbeginn an zu Leibe rücken, ansonsten würde man ihrer nicht mehr Herr werden können.
Sie würden die ihren aus ihrem eigenen Garten verdrängen.
Die Vorstellung, es könnten nur noch die Anderen übrig bleiben, ließ sie noch genauer hinschauen und noch eifriger arbeiten.
Und sie leistete tatsächlich sehr gründliche Arbeit! Sie war zufrieden und betrachtete voll Genugtuung und Stolz das Ergebnis.
Eines Tages entdeckte sie zu ihrem Schrecken, ja sie war

empört, dass eine Schlingpflanze sich um ihre zarteste rosa Lieblingsrose bis fast hinauf zur Blüte gewunden hatte.
Wie konnte es ihr nur entgangen sein, sie hatte doch so genau darauf geachtet, und sie hätte zumindest auf halber Höhe den Eindringling, den Störenfried, den Schmarotzer, wie es ihr entfuhr, entdecken müssen. Aber manchmal kam es tatsächlich vor, dass sich diese Anderen derart anpassten, dass man sie nicht mehr unterscheiden konnte von den Einen. Sie war irritiert über ihre eigene Unzulänglichkeit und sie war fest entschlossen, ihren offensichtlichen Fehler wieder gut zu machen.
Ja, sie wollte die enge Umschlingung ihrer wunderschönen rosa Rose mit dieser gewöhnlichen Schlingpflanze nicht mehr länger ansehen.
Sie war fest davon überzeugt, dass ihrer Blume dadurch die Luft zum Atmen genommen würde, ihre rosa Blütenblätter abfallen würden, und ihre Pracht bald zu Ende sein würde. Ziemlich unsanft begann sie Windung für Windung den Stängel abwärts die Umschlingung aufzulösen, bis sie unten am Boden angelangt war.
Um sicher zu sein, dass man sie nicht noch einmal so hintergehen würde, harkte sie auch noch die Wurzel dicht am Stock der Rose aus, und zog den Störenfried, den Eindringling, den Schmarotzer mitsamt seiner Wurzel aus der Erde.
In ihrem Eifer hatte sie nicht bemerkt, dass der zarten Rose der Halt genommen war.
Mit gesenktem Blütenkopf hatte diese traurig nach dem Anderen Ausschau gehalten und ihm ihre Blütenblätter zur Erde hinab geschickt.
Geblüht hat sie nicht mehr.

Das Experiment

Die Zeit war schneller als die Vorbereitungen auf den Abend mit den Freunden vergangen. Sie mochte die anregenden Gespräche, auch wenn sie meistens in hitzigen Debatten endeten. Die Letzten hatten sich erst kurz vor Mitternacht verabschiedet. Im Haus war Ruhe eingekehrt.

Aber jene Nacht, oder was von ihr noch übrig war, sollte noch einen höchst dramatischen Verlauf nehmen.

Das Standardmodell "TF ("Typisch Frau") schien nach den neuesten wissenschaftlichen Erkenntnissen überholt zu sein, aber das beharrliche öffentliche Bekenntnis dazu, ließ sie am wissenschaftlichen Fortschritt und dessen Vertretern zweifeln. Es sprengte ihre Vorstellung eines modernen Raum-Zeitgefüges.

Wissend, dass jeder Materie eine Antimaterie gegenüber steht, vertraute sie auf ihre weibliche Kraft. Sie hielt den Zeitpunkt und sich selbst für geeignet, das Experiment zu wagen. Ihre Weltordnung drohte andernfalls im Chaos unter zu gehen. Sie konnte die Kausalität ihrer Handlung nicht abschätzen. Es überstieg ihr Vorstellungsvermögen, dass so winzige Ursachen so große Auswirkungen nach sich ziehen könnten.

Eine Vorhersage der zeitlichen Entwicklung ihrer physischen und psychischen Qualitäten war ohnehin gänzlich unmöglich. Den Naturgesetzen folgend, kam es zur atomaren Wechselwirkung. Bisher war es ihr unmöglich erschienen, die Gleichung aller Gleichungen E=mc2 auch nur im Ansatz jemals verstehen zu können.

Zu jenem damals gegenwärtigen Zeitpunkt hatte sie die

Bestätigung deren Wahrheitsgehaltes unmittelbar erlebt.
Die Symmetrie zwischen dem Teilchen und seinem Antiteilchen war Dank der zum damaligen Zeitpunkt noch nicht entschlüsselten atmosphärischen Kräfte nicht nur sehr bald, sondern ästhetisch auch noch ausgesprochen zufriedenstellend wieder hergestellt worden.
Allerdings – er, Physiker und Mathematiker – sagt, dass das soeben durchgeführte physikalische Experiment „CTF" („Contra Typisch Frau") mathematisch nicht modellierbar, und die Aussage über die Unendlichkeit der Liebe nur von relativem Wahrheitsgehalt wäre.

Also f (falsch)

w (wahrscheinlich).

Weg, verschwunden

Irgendwann zwischen spätem Mittag und frühem Abend musste ihn die niederschmetternde Nachricht erreicht haben. Er saß vorn übergebeugt auf seinem Stuhl und starrte ins Leere. Seine für ein Gebet auffallend fest zusammengepressten Hände lagen verkrampft auf der Tischkante. Sein zerzaustes graues Haar erschien im schwachen Licht wie ein Scherenschnitt aus schwarzem Tonpapier. Schweißtropfen glitzerten wie Perlen auf seiner in tiefe Falten gelegten Stirn. Darin blieben sie hängen und ließen seinen Augen nur schmale Schlitze zum Durchblick frei.
Was, um Himmels Willen, war dem armen Mann widerfahren? Was überhaupt konnte einem Mann derart zusetzen, dass ihm das Leben zu entgleiten schien?
Seine zusammengekniffenen Augen unentwegt auf das fahle Licht im Fenster gerichtet, löste er langsam die eine Hand aus der Umklammerung der anderen, und strich sanft über die Scheibe, so, als könnte er den unsichtbaren Vorhang zur Seite schieben. Dahinter war nichts. Nichts als eine kalte glatte Fläche.
Das Geräusch an der Tür hatte er erst wahrgenommen, als sich der Schlüssel im Schloss herum drehte. Sein Kopf löste sich widerwillig aus der Versteinerung und sein Blick wandte sich erstmals seit der schrecklichen Entdeckung von dem noch immer verhangenen Fenster ab.

„Ich bin noch einmal zurückgekommen“, sagte sie.

„Du warst weg?“ fragte er tonlos.

Er richtete seinen Sessel und sich zurecht, und schenkte seine volle Aufmerksamkeit der Wiederherstellung der verschwundenen Daten.

Das Lied der Anderen

Das Rauschen und Kreischen klang bedrohlich. Zwischen Himmel und Erde hatten sich dunkle Schatten zusammengebraut, die ihre Kreise immer enger und immer näher um die Häuser der Vorstadt zogen, und schließlich das Feld vor den hohen Fichten am Rande des Waldes wie die Gischt einer brechenden Flutwelle überschwemmten.

Wie jedes Jahr vor Einbruch der kalten Nächte machten sie sich bereit für den Umzug. In diesem Jahr war der Sommer keiner gewesen, den man als solchen hätte bezeichnen wollen. Sie misstrauten deshalb den späten ungewöhnlich heißen Strahlen, und ließen sich von ihnen nicht vom frühzeitigen Aufbruch abhalten. Die Jungen hatten es nur den außerordentlichen Anstrengungen ihrer eifrigen Eltern zu danken, dass das Flugtraining rechtzeitig abgeschlossen werden konnte. Einige werden es nicht geschafft haben. Geeignete Trockentage waren rar gewesen in jenem Sommer, und die Kräfte waren schneller aufgebraucht als in den sonnenbeladenen letzten Jahren.

Erst hatten sie wegen der Überzahl ihrer Artgenossen, und auch wegen der mangelnden Möglichkeiten nur schwer einen geeigneten Nistplatz gefunden, und dann waren auch noch die äußeren Bedingungen so ungünstig gewesen, dass Aros Mutter erschöpft ein leises Krächzen unter ihrem Gefieder hervorstieß, in dem sie beunruhigt ihren Schnabel verbarg, damit ihr Kummerlied die anderen nicht ansteckte. Sie war berühmt für ihr Lied gewesen, mit dem sie die überschwängliche Melodie ihrer Glücksbotschaft über die höchsten Baumwipfel bis in die Häuser geschickt hatte.

Mit ihrem fröhlichen Gesang, der ein echter Hit geworden war, hatte sie damals alle angesteckt. Alle hatten ihr Lied gesungen oder ihm zugehört.
Es war der härteste Sommer in ihrem bisherigen Leben gewesen, und sie war voller Sorge um Aro und seine Geschwister, ob sie es schaffen würden. Sie kannte die unendlichen Strapazen der langen Reise nur allzu gut.
Aro hingegen konnte den Start in sein neues Leben kaum erwarten, von dem seine Verwandten in den letzten Tagen die schönsten Geschichten, in sehnsuchtsvollen Melodien verschlüsselt, erzählt hatten. Auf den Spitzen seiner mittleren Krallen zum finalen Abstoß das Gleichgewicht haltend, streckte er, seine kleinen Flügel weit gespreizt, den Kopf mit aufgerissenem Schnabel dem Himmel entgegen.
In der freudigen Erregung hatte er seine ganze Aufmerksamkeit nur auf sich selbst gerichtet, und dabei übersehen und überhört, dass der Start abgebrochen, und bis auf Weiteres verschoben worden war. Die Ursache konnte in den über den Häusern aufgezogenen schwarzen Wolken gelegen sein, durch die es wohl einige nicht geschafft haben dürften, die Abflugzeit einzuhalten. Es war gespenstisch ruhig geworden, und alle warteten auf ein neuerliches Signal zum Aufbruch, als er plötzlich von der hohen Fichte herüber ein vertrautes Lied hörte. Wie konnte er ihn vergessen haben! Es war das Lied seines Freundes. Der flog jetzt dicht über ihm, und sang sein Abschiedslied. Aro wusste nicht, dass sein Freund ihn nicht begleiten würde. Er wusste nicht, dass sein Freund die kalten Nächte hier bleiben würde. Sie hatten nie darüber gesprochen, dass sie von anderer Art wären. Sie hatten den Sommer über gemeinsame Ausflüge zu den Bäumen tief drinnen im Wald gemacht, und wenn Aro beim Wettfliegen meistens ge-

wonnen hatte, hatte sich sein Freund damit getröstet, dass er die Samen aus den Zapfen besser im Schnabel halten konnte. Und jetzt sollte er auf einmal nicht mitfliegen?
Seine Artgenossen sangen etwas von „Aro Heulsuse“ oder so ähnlich, als er beinahe den gerade noch so heiß ersehnten Abflug verpasst hätte. Er konnte noch den Anfang seines Lieblingsliedes singen und hoffte inständig, dass es seinen Freund noch erreicht hatte.
Der Daheimgebliebene hatte sich gemeinsam mit seinen Artgenossen so gut er konnte auf die kalten Nächte vorbereitet. Sein Federkleid war dichter geworden und auch die Methode, es kräftig aufzuplustern, um die Kälte nicht an sich heran zu lassen, hatte er erlernt. Auch die Bewohner der Häuser am Stadtrand hatten für ihre gefiederten Freunde Vorsorge getroffen, und die Futterhäuser mit Körnern gefüllt, noch bevor der eisige Schnee alles Essbare für einen hungrigen Vogelschnabel unerreichbar hatte werden lassen.
Der Winter war wie immer hart gewesen, aber er hatte ihn, den ersten seines Lebens, nicht zuletzt auch wegen der Unterstützung und Aufmunterung durch seine älteren, erfahrenen Freunde gut überstanden.
Aros Sommerwinter im fernen Land war abwechslungsreich und spannend gewesen. Aro hatte viele neue Erfahrungen gesammelt, und in der Fremde, er war ja schließlich zum ersten Mal in seinem Leben dort, neue Freunde gewonnen, die ihn, wie er meinte, kräftig unterstützten. Aro erlernte, wie sein daheimgebliebener Freund auch, die Methode sich aufzuplustern, wenn auch nicht gegen die Kälte, sondern um stärker und mutiger auszusehen.
Mit einigen seiner neuen Freunde und deren tausenden Artgenossen kehrte er, als die Zeit gekommen war, zurück.

Von Weitem schon sah er die Häuser. Sie blendeten in ihrem Weiß gegen die Sonne, deshalb erreichte er erst nach einigen fehlgeschlagenen Landeanflügen den Ast eines blühenden Apfelbaumes in der Nähe. Er sang aus voller Kehle, damit seine Freunde und Artgenossen ihn hören und finden würden. Es hatte nicht lange gedauert, bis sie zwischen den rosa-weißen Blüten Platz genommen hatten, und ihr fröhliches, aber ohrenbetäubendes Lied in den blauen Himmel schmetterten.
Ihr Lied war nicht zu überhören gewesen. Es wird wohl als erstes seinen daheimgeblieben winterharten Freund erreicht haben, als der gerade dabei war,
in eben jenem Baum einen geeigneten Platz für seine Zukunft zu suchen. Unter all den Sängern zwischen den Blüten hatte er in kürzester Zeit seinen Freund Aro wieder erkannt. Aro plusterte sich vor Freude so stark auf, dass sein Freund am liebsten augenblicklich die Flucht ergriffen hätte. Er wollte ihm doch nur zeigen, wie stark er geworden war! Aro ließ sogleich sein schönstes Lied, das vom Glück, das er von seiner Mutter gelernt hatte, über die Krone des Blütenbaumes erklingen. Mit seiner Sangeskunst überzeugte er seinen Freund. Er blieb.
Der Sommer war auch diesmal nicht wirklich so, dass sich die Vögel nach einem Bad zur Abkühlung hätten sehnen müssen. Wasser gab es genug, auch an Futter mangelte es nicht. Irgendwann hatte sich das Gefühl einer unbestimmten Sehnsucht eingestellt. Aro sang immer und immer wieder das Lied vom fernen Land, bis auch sein Freund es eines Tages plötzlich sang.
Es hatte sich herumgesprochen, dass hier einer der Ihren das Lied der Anderen sang. Und niemand wollte mit ihm

ins inzwischen fertig gestellte Nest einziehen. Keiner wollte mit ihm zu den Fichten im Wald fliegen.
Er fühlte sich schwach und allein.
Und als die Zeit gekommen war, beschloss er, mit Aro ins ferne Land zu ziehen.
Aro zeigte ihm den Ort des Sommerwinters vom vergangenen Jahr.
Schon bald konnte sich der Freund besser aufplustern als Aro selbst. Er fühlte sich stark und nicht mehr allein. Sein eigenes Lied hatte er längst vergessen, und mit ihm den Wald und die Häuser und den Apfelbaum. Er sang immerzu Aros Lied.
Bis die Zeit gekommen war.
Mit vielen anderen waren sie zum Apfelbaum zurückgekehrt.
Alle sangen Aros Lied.
Alle waren stark und groß.
Alle hatten sie sich aufgeplustert, obwohl es Sommer werden wollte.
Keiner wollte mit ihnen zum Wald fliegen.
Keiner wollte mit ihnen singen. Sie fürchteten sich vor Aros Lied, wenn es über die Krone des Apfelbaumes hinüber zu den Fichten klang.
Die Botschaft war seiner Melodie verloren gegangen.
Und die Einen in den Fichten wollten nicht, dass die Anderen im Apfelbaum ihr Lied hörten.
Im Wald und im Apfelbaum war es still geworden.
Die Vögel hatten aufgehört zu singen.

Klimawandel

In der Schule hatte sie von den Klimazonen und den dort vorherrschenden Bedingungen gelernt. Die umgekehrten Verhältnisse auf der nördlichen und südlichen Hemisphäre musste sie auswendig lernen, und das erworbene Wissen darüber in Prüfungen und Tests belegen. Sie wusste, dass sich die Tropen wie ein Gürtel um die Mitte der Kugel, obwohl sie keine Taille hatte, legte. Und dass sich dort die Hitze mit der hohen Feuchtigkeit zu einem für Menschen fast unerträglichen Klima verband, und dass sie auch an den Polkappen nicht hätte geboren werden wollen, das war ihr angesichts der hellblauen Farbe, die so viel wie Eis auf der Weltkarte bedeutete, auch durchaus verständlich vermittelt worden. Sie war sehr zufrieden, als Kind der gemäßigten Zone auf diese Erde gefallen zu sein, mit Frühling, Sommer, Herbst und Winter und all den Freuden, die sich damit verbinden ließen.

Sie erinnerte sich an das Jahr, in dem man, um einem verregneten Sommer zu entfliehen, an den nächstgelegenen Meeresstrand in den Süden fuhr, und im Winter den Schnee weiter oben in den Bergen suchte, weil er unten im Tal ausgeblieben war. Der Herbst zog in manchem Jahr den reifen Äpfeln am Baum eine Schneehaube über, und der Frühling konnte schon einmal die Blüten mit Eiskristallen verzieren. Aber wenn er ins Land gezogen kam, dann wusste man, dass es den warmen Zeiten entgegen ging, und die frühe Finsternis der Abende mit jedem Tag ein wenig länger dem hellen Licht der Sonne weichen würde.

Sie war nun schon lange genug auf der Welt, dass dieser

Lauf ihr selbstverständlich und vertraut geworden war. Er gab ihr Sicherheit und Geborgenheit.

Umso beunruhigter wurde sie durch immer häufigere Meldungen über dramatische Veränderungen. Sie verstanden es, sie durch eine besonders drastische Darstellung in Wort und Bild in Angst und Schrecken zu versetzen. Dann suchte sie Ablenkung auf einem Streifzug durch die Natur, von der sie in überreichem Maß umgeben war.
Die Anzeichen eines Wandels, die auch ihr nicht entgangen sein konnten, übersah sie geflissentlich oder versuchte krampfhaft ähnliche Bilder aus der Vergangenheit hervorzuholen. Braune Wiesen und ein fast ausgetrocknetes Bachbett waren ihr nicht fremd. Und dass ihr in der sommerlichen Mittagshitze schon einmal die tropische Schwüle zu schaffen machen konnte, war ihr auch nicht unbekannt. Sie war zwar verwundert, dass nun sogar die Kürbisse auf dem Acker Sonnenbrand und dementsprechend braune Flecken bekommen hatten, aber die hatte sie ja schließlich auch. Den Fischen wäre das Wasser sogar in den Gebirgsbächen zu warm geworden, und durch den dadurch bedingten Sauerstoffmangel würde ihnen der Erstickungstod drohen, hatte sie erst vor kurzem in einer Fachzeitschrift gelesen.
Wenn sie wegen der Hitze der vielen vorangegangenen Tropentage, in denen sie keinen Schlaf finden konnte, weil die Nächte keine Abkühlung brachten, stundenlang wach in ihrem Bett lag, zogen die Bilder vom Tag wie im Film an ihr vorüber.
Wie Blitzlichter flammten die Wörter in grellen Leuchtbuchstaben vor ihren Augen auf.

VERÄNDERTE JAHRESZEITEN
ABSCHMELZEN DER GLETSCHER UND POLE
ANSTEIGEN DER MEERESSPIEGEL
STÜRME DÜRRE
SINTFLUTARTIGE ÜBERSCHWEMMUNGEN
KLIMAKATASTROPHE

Unwillkürlich musste sie an die unbeschwerten Tage ihrer Kindheit denken, in denen sie in der Schule nicht vom kranken Wald und nicht von der zerstörenden Wirkung der Tropenstürme gesprochen hatte. Irgendwann kurz vor Sonnenaufgang musste sie dann doch noch ein wenig Schlaf gefunden haben, denn als sie aufwachte, hörte sie die Morgennachrichten. Als Zeichen, dass es Zeit war, den neuen Tag zu begrüßen, hatte sie sich von ihnen wecken lassen.
Sie berichteten von schrecklichen Gräueltaten und tausenden Opfern in den Kriegsgebieten, von zerstörten Häusern und Städten, von Bomben in Schutt gelegt, von überfüllten im Meer gekenterten Booten, von Ertrinkenden, von den Fluten verschlungen, von Tausenden, irgendwo an einer Küste Gestrandeten, von endlosen Flüchtlingsströmen, die sich aufgemacht hatten in eine bessere Welt.
Das Klima hat sich verändert.
Die Erderwärmung mit all ihren Folgen für Natur und Mensch hat viele Ursachen.
Ansteigende Herzenswärme kann als solche ausgeschlossen werden.
Der Klimawandel lässt eine nahende Eiszeit vermuten.

Der Igel, der Zaun und die andere Seite

Sie stand am Gartenzaun und schaute neugierig durch die Latten auf die Wiese auf der anderen Seite. Oben drüber schauen konnte sie nicht. Dafür war sie zu klein. Der Igel lief, so schnell ihn seine kurzen Beine tragen konnten, durch die Lücke unter dem Zaun auf die andere Seite und war im hohen Gras nicht mehr zu sehen. Sie war vollkommen überzeugt davon, dass der Zaun nur dazu da war, um unter ihm durch zu schlüpfen oder über ihn drüber zu klettern. Und weil sie nicht so klein war wie der Igel, und nicht durch die Lücke passen würde, stemmte sie sich an der obersten Latte hoch, stellte ein Bein darauf, schwang das zweite geschickt darüber, und schon lag sie im Gras auf der anderen Seite des Zaunes. Und obwohl sie dort nichts Neues entdecken konnte, eigentlich war es drüben nicht anders als herüben, schien ihr das Spiel großen Spaß zu machen. An diesem Tag kletterte sie noch viele Male hin und zurück und wieder hin und wieder zurück, bis sie müde war und nach Hause lief. Abends im Bett, heute war der Vater dran zur Gute- Nachtgeschichte, wollte sie ihn fragen, ob er, als er klein war, auch über den Zaun geklettert wäre, und ob er damals auch einen Igel unten durch kriechen hätte gesehen. Der Vater hörte ihr aufmerksam zu, und begann danach seiner Tochter zu erklären, wofür Zäune errichtet würden. Dass jeder im Dorf seinen Garten eingrenzen und vor unliebsamen Besuchern schützen wollte, und dass die Anderen nicht wüssten, wo das eine Grundstück endete und das andere anfing und....und dass man eigentlich nicht ......Sie war längst eingeschlafen, als der

Vater mit seiner Gute-Nachtgeschichte fertig war.
In diesem Sommer wollten sie nach Italien reisen. Zum ersten Mal sollte sie das Meer sehen. Sie war sehr aufgeregt und wollte alles wissen. Die ganze lange Fahrt über fragte sie, welche Farbe das Meer hätte, und ob es tiefer als sie hoch wäre, und ob man mit dem Sand am Meer auch Tunnel und Dämme bauen könnte, wie in der Sandkiste daheim, und wann sie endlich da wären. Der Vater sagte, dass sie zuerst einmal über die Grenze müssten, und sie wollte wissen, ob dort ein Zaun wäre. Er erklärte ihr, dass an der Grenze mehrere Zäune als Absperrung stünden, und Menschen ihren Pass kontrollieren würden. Gerade als sie ihrem Vater erklären wollte, dass sie doch lieber in der Sandkiste zu Hause spielen wollte, schaute der fremde Mann mit dem strengen Gesicht zum Fenster herein und fragte, ob sie, das kleine Mädchen da hinten im Wagen, fünf Jahre alt wäre und Rosa hieße. Sie brachte vor Angst nicht einmal ein Nicken zustande.
Sie versteckte Heidi unter ihrem Pullover und legte ihr den Finger auf den Mund. Als sich das Auto endlich wieder in Bewegung gesetzt hatte, holte Rosa tief Luft und ließ ihren dicken Tränen freien Lauf über ihre Wangen. „Heidi hat keinen Pass“, platzte sie heraus und herzte und streichelte ihre Puppe in grenzenloser Erleichterung darüber, einer Katastrophe entgangen zu sein. Die restliche Fahrt bis ans Meer wollte Rosa wissen, was denn der Grund wäre für diese Grenze , wo doch die Straße hier und der Wald dort drüben aussah wie der auf der anderen Seite. Der Vater murmelte etwas von notwendiger Kennzeichnung, wo sein Land anfinge und das andere endete, und dass man ja schließlich wissen müsste, was einem, und wohin man gehörte…….Sie war längst eingeschlafen, als der Vater mit

seiner Geschichte fertig war.
Als Rosa sieben war, befand der Vater, dass sie nun groß genug wäre, um ihr eine andere Grenze zeigen zu können. Eine mit einem ganz besonderen Zaun. Einem aus Stacheldraht und kleinen Häusern in der Nähe, die auf hohen Stelzen standen, in denen Männer mit einem Fernglas saßen und immerfort auf den Zaun zu starren schienen. Sie wollte wissen, ob es hier auch Igel gäbe, die eine Lücke suchten, um auf die andere Seite zu gelangen.
Der Vater zog sie hinter sich her, und schob sie ziemlich unsanft in den Wagen zurück, um gleich darauf davon zu fahren. Irgendetwas schien ihn nervös gemacht zu haben. Auf der Fahrt nach Hause sagte sie kein Wort, was für Rosa sehr außergewöhnlich war. Die Mutter wartete schon am Gartentor mit Tante Helma, die auf Besuch gekommen war, und bei Rosas Anblick sogleich in grenzenloses Entzücken ausgebrochen war, wie groß das Kind im letzten Jahr doch geworden wäre. Doch als der Vater erzählte, was er Rosa heute gezeigt hätte, da hörte sie die empörte Tante sagen, dass sie dafür doch noch viel zu klein, und außerdem so etwas überhaupt nichts zum Anschauen wäre, und dass sie ohnehin schon immer gesagt hätte, dass man Kinder nicht mit so etwas belasten dürfte, weil sie sonst schlecht träumten. Sie hörte die Erwachsenen an diesem Abend noch lange miteinander reden, bis sie darüber müde geworden und zu Bett gegangen waren. Als sie schon längst eingeschlafen sein mussten, weil es still geworden war im Haus, lag Rosa noch immer wach, und dachte nach, ob der Igel wohl zu klein für das Fernglas der Männer und seine Stacheln stärker als die des Drahtzaunes gewesen wären, und ob er unbemerkt und unverletzt auf die andere Seite kommen hätte können, und ob die Männer in ihren

Stelzenhäusern auch einmal schlafen würden.
Heute also sollten sie kommen! Sie wollte es noch nicht ganz glauben, denn sie würde zu enttäuscht sein, wenn sie nicht kämen. Ihr grenzenloser jugendlicher Drang, die Welt zu entdecken, hatte alle Drei weit weg in alle Himmelsrichtungen verstreut. Sie hatte ihre Kinder ein ganzes langes Jahr nicht gesehen. Sie freute sich schon seit Wochen auf diesen Tag. Er sollte ein richtiges Fest werden. Maurice, der Älteste, lebte zurzeit in Amerika, und studierte dort auf einer der renommiertesten Universitäten. Caroline hatte es der Tiere wegen nach Afrika verschlagen, und betrieb dort ihre Forschungen an den Schimpansen im Busch, und Susan, ihre Jüngste, war mit Freund Jeff im nepalesischen Hochland unterwegs. Mutterrosa musste an die unbeschwerte Zeit mit ihrem Mann denken, noch bevor die Kinder kamen, als sie einen ganzen Sommer lang quer durch Europa reisten und sie sich frei wie die Zugvögel auf ihrem Flug nach Süden fühlten. Später mussten sie arbeiten, denn die Firma, die sie sich aufgebaut hatten, begrenzte ihre freie Zeit, und erlaubte ihnen keinen Urlaub, ihren Kindern aber die Erfüllung all ihrer Wünsche.
Die Enttäuschung war grenzenlos. Das Warten vergebens. Er hätte schon immer gesagt, dass es einmal so kommen würde. Nur sie hätte es nicht glauben wollen. Die Zäune waren hoch geworden, und mit jedem Tag wurden sie höher. Zu hoch, um oben drüber zu klettern, und zu tief, um unten durch zu kriechen, und zu dicht, um hindurchschauen zu können.
Das müsste so sein, wegen der anderen Seite, sagte er, und wegen der anderen Leute, und......
Sie war längst eingeschlafen, als er fertig war mit seiner Geschichte.

“Grenzen entstehen im Kopf. Der kleine Igel hat das immer schon gewusst“, hatte sie auf einen Zettel gekritzelt, den sie noch in der Hand hielt, als man vergeblich versucht hatte, sie zu wecken.

Alles ganz normal

Es war ein Spätsommertag wie schon einige vorangegangene in diesem Jahr. Vom wolkenlosen Himmel brannte erbarmungslos die Sonne von morgens bis abends auf die ausgetrocknete Erde. Der Wetterbericht kündigte täglich neue rekordverdächtige Temperaturen an. Die arbeitenden Menschen stöhnten schon den ganzen Sommer unter der abnormalen Hitze und fanden sie unerträglich, die anderen genossen die Abkühlung im Wasser oder im Schatten eines Baumes. Entweder wollte der Sommer heuer kein Ende, oder der Herbst keinen Anfang nehmen. Eines Morgens sagte Frau Brause beim Blick aus dem Fenster, das sei nicht mehr normal, und schüttelte dabei vielsagend den Kopf, während sie beide Schultern hoch zog, um schließlich das mittlerweile zum Ritual gewordene Morgenszenario mit einem leisen Seufzer zu beenden. Herr Brause setzte seiner Frau ein beschwichtigendes „So abnormal sei das nun auch wieder nicht“ entgegen. Herr und Frau Brause bewohnten ein kleines Haus mit einem noch kleineren Vorgarten am Stadtrand. Die zwei Kinder waren groß geworden und hatten die Enge der Kleinstadt mit der weiten Welt getauscht. Jedes war in eine andere Richtung auf der Suche nach neuen Freunden und wohl auch nach sich selbst ausgeflogen. Das war heutzutage unter den jungen Leuten ganz normal. Die alten Leutchen, wie sie nicht gerade schmeichelhaft von ihnen genannt wurden, wollten diesen Flecken Erde nie mehr verlassen. Hier wollten sie ihren Lebensabend verbringen, und wenn möglich einen ruhigen. Am Ende eines wirklich ungewöhnlich tropisch

heißen Tages, selbst der späte Abend trieb einem noch den Schweiß aus den Poren, setzten sich die Beiden erschöpft vor das Fernsehgerät und ließen wahllos die Bilder aus der fernen Welt, vielleicht der ihrer Kinder, an sich vorüber ziehen, bis Frau Brause ihren gerade eingenickten Mann nicht ganz so sanft wie sie es normalerweise getan hätte, aus dem allerersten seichten Schlaf weckte. Er murmelte etwas davon, dass sie ihn, während sie schlief, gestoßen hätte, weil sie wie immer eingeschlafen wäre. Sie erkannte die Aussichtslosigkeit, ihn vom genauen Gegenteil der Sachlage überzeugen zu können, und beließ es dabei.
Das war ganz normal unter den Eheleutchen. Verstört war sie dennoch. Nicht wegen seiner Behauptungen, die sie unter normalen Umständen eher belustigt hätten, sondern wegen der im flimmernden Schein des Fernsehers nur unscharfen Bilder. Die Satellitenschüssel war durch die neuerrichtete riesige Industriehalle gegenüber ihres Häuschens nicht richtig eingestellt. Frau Brause konnte Herrn Brause davon überzeugen, vor dem Zubettgehen noch die Nachrichten abwarten zu müssen. Sie habe etwas Ungewöhnliches vorhin gesehen, das wolle sie genauer wissen, und er solle es sich auch ansehen. Ein Unfall? Nein? Eine Katastrophe? Nein? Ja, was denn? Sie solle ihm schon endlich sagen, was sie ihm zeigen wollte! Er drängte seine Frau, denn er wollte eigentlich schlafen gehen, und er murrte unwillig, wovon sie denn wieder derartig bewegt sein könnte. Er schüttelte seinen weißen Kopf, und seufzte schließlich unüberhörbar, dass wohl wieder einmal irgend so ein Vogel entflogen sein würde, der jetzt ihre und die ganze übrige Welt in Unruhe versetzte.
Und während Herr Brause noch seinen Gedanken über den ganz normalen Ablauf eines gemeinsamen Abends nach-

hing, folgte er gezwungenermaßen dem aufgeregt ausgestreckten Zeigefinger Frau Brauses in Richtung flimmernden Bildschirms. Jetzt bemerkte auch er die schwarzen Punkte unruhig über den Schirm flimmern, und er stand auf, um mit einem kleinen technischen Kunstgriff die Störung zu beheben. „Und“? fragte er und erwartete ein zustimmendes, erlösendes „Ja!“ Diesmal jedoch blieb es ganz gegen die sonstige Gewohnheit, aus. Die Stimme des Sprechers war nicht wie sonst bei Störungen üblich, verzerrt und von krächzenden Lauten unterbrochen. Im Gegenteil! Seine Stimme klang ganz normal, sachlich und klar. Die Punkte verdichteten sich und schwärzten schließlich die gesamte Oberfläche des Bildschirms. Der Nachrichtensprecher unterlegte das Bild mit dem Satz: „Eine unüberschaubare Menge Zugvögel versammelte sich heute, wie jedes Jahr um diese Zeit, südlich des Sees, und machte sich für den Umzug in den Süden bereit.“ Ein unvergleichliches Naturschauspiel sei das, fügte er noch hinzu. Frau Brause meinte, dass sie gar nicht glauben könne, dass alle diese Vögel hier genügend Platz und Futter gefunden hätten.

Herr Brause, ob des Vogelzugs nicht besonders beeindruckt, meinte, das wäre ganz normal. Platz wäre das ganze Jahr über immer genug vorhanden, nur die Kälte während der Wintermonate würde ihnen zusetzen und das Futter nehmen. Sie hätten eine weite, beschwerliche Reise vor sich, und nicht alle würden im gelobten Süden an-, und noch weniger im nächsten Jahr wieder zurückkommen. Frau Brause wünschte den Zugvögeln vor dem Einschlafen noch eine gute Reise und Gottes Segen, glaubte sie doch ihr treues Rauchschwalbenpaar unter ihnen zu wissen. Dann war sie endgültig zu müde, um nach weiteren Problemen Ausschau zu halten.

Tage später, Frau Brause hatte die Vogelansammlung beinahe schon wieder vergessen, wusste Herr Brause gar nicht, wovon sie sprach, als sie ihn erneut auf ein flimmerndes punktübersätes Bild am Gerät mit der Bemerkung, „Waren denn das noch nicht alle?“ hin wies. Für Herrn Brause war es, wenn zur Problemlösung technisches Know-how gefordert war, nicht nur ganz normal, dass er sich unverzüglich an die Arbeit machte, es war Ehrensache! Er verließ kurzfristig den Raum, um vom kleinen Balkon aus die Schüssel, wie er den Bildempfänger ärgerlich titelte, wenn er Schwierigkeiten machte, und drehte und kippte Millimeter um Millimeter an seiner Ausrichtung nach Süden. Durch die spaltweit offen gebliebene Tür hörte er Frau Brause, weil sie keinerlei Verbesserung der Bildqualität feststellen konnte, etwas abschätzig sagen, dass die Punkte statt weniger eher mehr, und statt kleiner eher immer größer würden, und er sich eigentlich nur nach dem Zug der Vögel hätte richten müssen. Ziemlich genervt kam Herr Brause unverrichteter Dinge zurück ins Zimmer und wartete neben seiner Frau stehend ab, was sich am Schirm zeigen würde. Dem Sprecher hatte sie vorhin, um ihren Mann von Draußen besser verstehen zu können, den Ton abgedreht. Dem Bild allein war der Inhalt nicht zu entnehmen. Aber als der Sprecher seine Stimme wieder bekam, schienen Herr und Frau Brause die ihre verloren zu haben. Sie hörten, aber sie konnten nicht glauben, was sie da hörten. Deshalb wandten sie sich abwechselnd dem Bildschirm und ihren fragenden Gesichtern zu. Der Sprecher sagte etwas von einem Strom von Hunderttausenden, der sich aus dem Süden in Richtung Norden bewegen würde. Das war doch nicht normal! Gerade erst haben sich Hunderttausende in den Süden aufgemacht, um dem kalten

Winter im Norden zu entfliehen. Und jetzt sollten sie sich anders entschieden haben? Den Winter doch hier verbringen wollen? Hat sie etwa doch der ungewöhnlich lange und heiße Sommer von ihren Gewohnheiten abgebracht, und ihnen Hoffnung auf einen Klimawandel gemacht? Die beiden Brauses hatten sich auf die Bank gesetzt und sahen sprachlos einen mittlerweile mehr und mehr erkennbaren nicht enden wollenden Menschenstrom an sich vorüber ziehen. Namenlose Gesichter aus einer fremden Welt, geschundene, erschöpfte Körper, traurige Kinderaugen, leere Blicke aus fahlen Gesichtern groß ins Bild gezogen. Sie seien froh und dankbar, hier gelandet und dem Krieg in ihren Ländern entkommen zu sein, in der Hoffnung hier Platz zum Leben oder wenigstens zum Rasten zu finden, übersetzte ein Sprecher ihre fremde Sprache. „Das ist nicht normal“, waren die einzigen Worte, die Frau Brause in ihrer Sprache wieder gefunden hatte, bevor sie aufstand, und ein paar Habseligkeiten aus dem Kasten in eine Tasche stopfte.

Als sie den gestreiften Tiger und den lustigen Affen mit der Trommel dazu hinein legte, dachte sie an ihre beiden Kinder draußen in der Welt, und machte sich mit Herrn Brause auf den Weg zur Industriehalle, in deren Richtung sich der Menschenstrom zu bewegen schien.

Das war für die beiden Leutchen ganz normal.

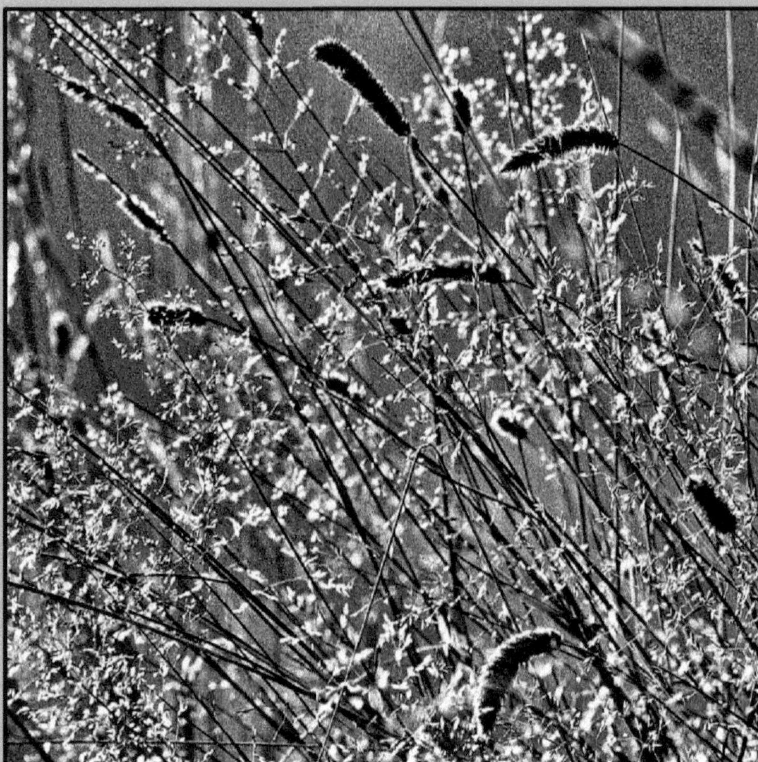

BINIZU

Die Adresse stimmte. Zumindest, was von ihr bekannt gegeben war. In großen Buchstaben stand, gut lesbar, in der Mitte des Umschlags, der Name ihrer Stadt mitsamt der Zahl davor, und die Gasse mit der Hausnummer dahinter, bestärkte sie im Glauben, die rechtmäßige Besitzerin des Poststückes zu sein zu müssen, wenn auch ihr Name darauf fehlte. Sie wendete den Umschlag, um auf seiner Rückseite durch den Absender vielleicht genauere Hinweise zu erhalten. Die großen Blockbuchstaben B I N I Z U ließen sie aber ratlos zurück. Sollte sich darin ein Name, ein Scherz oder etwas ganz anderes versteckt haben? Sie versuchte heraus zu finden, ob sich vielleicht durch das Zusammenziehen der einzelnen Buchstaben zu einem Wort, so wie sie sich als kleines Kind das Lesen beigebracht hatte, ein Sinn ergeben würde. Sie erinnerte sich plötzlich an ihr erstes selbst erlesenes Wort und an das Glücksgefühl, als sich aus den sieben einzelnen Buchstaben B A H N H O F ein richtiger Bahnhof vor ihr aufbaute. So wollte sie es jetzt auch versuchen und verband die Buchstaben auf dem Umschlag zu Binizu. Aber auch damit kam sie nicht weiter, und deshalb hoffte sie, mit der unterschiedlichen Betonung der Silben eine Spur legen zu können. Sie zog erst einmal das erste i in die Länge und summte Biiinizu vor sich hin, das sich aber eher wie das Heulen eines Wolfsjungen nach seinem Rudel anhörte. Beim nächsten Mal legte sie die Betonung auf die zweite Silbe, … Biniiizu, aber wieder waren die Laute dem Ruf eines Tieres ähnlicher, als sie dem geheimnisvollen Absender des Briefes sein konnten,

besonders wenn sie die Silben mehrmals schnell hintereinander las, Biniiizu-biniiiizu-biniiizu, glaubte sie, einen einsamen Vogel auf der höchsten Fichte im nahen Wald schon einmal auf diese Weise sein Klagelied singen gehört zu haben. Die letzte Möglichkeit legte ein Schmunzeln um ihren Mund, als sie sich Binizuuu sagen hörte und dabei die Lippen auf dem langgezogenen U wie zu einem Kuss formte. Nun war sie so richtig in Fahrt gekommen, und sie probierte alle möglichen und unmöglichen Wortspielereien mit diesen geheimnisvollen Buchstaben aus. „Bin immer noch im Zug“, oder “Bei ihnen nicht immer zufrieden“ oder “Bleib immer neben im Zimmer -u“ oder “Bomben in …. Ganz schnell stoppte sie das begonnene Gedankenspiel und meinte, dass sie sich nicht auch von den derzeit allgegenwärtigen Bildern anstecken lassen würde.
Alle möglichen Namen probierte sie noch aus, indem sie immer drei und drei Buchstaben zusammenzog, oder ihre Reihenfolge umstellte, doch keiner wollte zu ihnen passen. Schließlich entschloss sie sich, den Brief nicht anzunehmen, und für einen kurzen Augenblick hatte sie die Idee, ihn einfach zurück zu schicken. Doch wohin hätte sie ihn geschickt? Nach „Zurück“? Oder nach BINIZU? Das wäre wohl keine Adresse gewesen, wo man ihn angenommen hätte. Inzwischen hatte sie den Brief schon so oft mit ihren Fingern betastet und hin und her gedreht und gewendet, dass ihr eigentlich hätte auffallen müssen, dass der Inhalt kein gewöhnliches Stück Papier sein würde. Jedenfalls war es kleiner als der Umschlag, und irgendwie fühlte es sich auch ein wenig glatter an. Endlich hatte sich ihre Vernunft der Neugier geschlagen gegeben, und ohne weitere Gedanken an ein eventuelles unrechtmäßiges Handeln oder gar an eine versteckte Gefahr, schob sie ungeduldig

den Zeigefinger in den kleinen Spalt des zugeklebten Teiles des Umschlags, und fest entschlossen, dem Rätselraten ein Ende zu setzen, öffnete sie den Umschlag, um direkt in die dunklen Augen eines lächelnden Kindergesichtes unter einem schwarzen Lockenkopf zu blicken. Sie lächelte zurück und überlegte, ob es ein Mädchen oder ein Bub wäre, und ob, und wenn ja, wo sie dieses Gesicht schon einmal gesehen hätte, und ob es vielleicht … Ohne irgendeinen weiteren Hinweis auf den Namen und die Herkunft des Kindes vorzufinden, schob sie das Bild in den Umschlag zurück, fast ein wenig erleichtert, nicht mehr in sein Gesicht schauen zu müssen. Am liebsten hätte sie auch noch die Gedanken dazu hinein geschoben, als sie ihn in die Jackentasche steckte. Immer wieder griff sie danach, um sicher zu gehen, dass sich der geheimnisvolle Brief noch darin befand.

Beinahe hätte sie ihren Termin in der Stadt versäumt, zu dem sie selbst gebeten hatte, um ein allgemeines, brennendes Problem zu diskutieren, und wenn möglich, sogar einer Lösung näher zu kommen. Überstürzt verließ sie das Haus und öffnete die Tür ihres Wagens, den sie ums Eck am Rande einer dichten Hecke abgestellt hatte. Es war schon ziemlich dunkel, und da die Straßenlichter beim Eintreten der Dunkelheit immer nur schwach leuchteten, bemerkte sie erst im Scheinwerferlicht ihres Wagens, dass unmittelbar vor dem rechten Kotflügel eine zusammengekauerte Gestalt hockte. Vor Schreck wie gelähmt, unfähig, die noch offene Wagentür zu schließen oder sonst irgendeine rettende Handlung ausführen zu können, saß sie, in den Sitz gepresst, und starrte auf den Schatten, der sich über die Straße legte. Das Einzige, das ihr im Augenblick einfiel, war, den Lichthebel am Lenkrad nach unten zu drücken, um den Scheinwerfer auszuschalten, als hätte sie sich unsichtbar machen wollen. Die dunkle Gestalt richtete sich auf und kam langsam um den Wagen herum zur Tür. Sie ragte kaum darüber hinaus. Nur ein schwarzer, zerzauster Lockenschopf schaute über den Türrand. Es war die Hand eines Kindes, die sich in das Wageninnere schob, und die ihre, die noch immer das Lenkrad fest umklammert hielt, berührte. Sie stieg aus dem Wagen und stand im Lichtkegel der Straßenlampe einem kleinen Mädchen gegenüber. Wortlos griff sie in ihre Jackentasche und zog den Umschlag heraus. Das Mädchen nickte. Und als sie fragend über die Buchstaben auf der Rückseite strich, sagte es aufgeregt „BINIZU“. „Bist du Binizu?“ fragte sie und deutete dabei mit dem Umschlag auf das Mädchen. Das Mädchen nickte wieder. Es griff in seine Jackentasche und zog einen Zettel daraus hervor.

„Bitte nicht zurück“, stand darauf. BI NI ZU.

Mit einem Mal war ihr Termin ihr wieder eingefallen, und warum sie unbedingt dort hin musste.

Und Binizu kam mit ihr.

Die Parabel vom verschlossenen Ohr

Fast ein Märchen

Es war schon fast Frühling, und der lange, harte Winter ging endlich dem Ende zu, als Talpo aus dem warmen Nest hinaus auf den Gang kroch. Seine Frau Talpina und die fünf kleinen Maulwurfskinder waren zusammen gerollt wie das Blätterknäuel, unter dem sie schliefen. Etwas schien ihn zu beunruhigen, denn er streckte seine Nase in die Höhe. Das tat er immer, wenn seine besondere Aufmerksamkeit gefordert war. Seine Nase war einfach wunderbar! Nicht nur fürs Riechen, was ihm oftmals sehr dienlich sein konnte, auch zum Tasten war sie unersetzlich. Mit dieser Nase machte es ihm fast nichts aus, dass er schlechte Augen hatte. Er lebte ja ohnehin fast das ganze Jahr über im Dunkeln und ziemlich abgeschlossen mit seiner Familie am Ende des Tunnels. Freunde hatte er keine. Es war ihm am liebsten, wenn er allein durch den Gang streifen konnte, und dort genug zu fressen für sich und seine Familie vorfand. Hungrig waren sie nämlich immer alle. Sogar seine Kinder schliefen nie lange, was ihn manchmal ziemlich aus der Fassung brachte, denn sie wollten fressen. Und das manchmal auch zweimal am Tag! Deshalb geriet er auch in helle Aufregung, als plötzlich sein Nachbar vor ihm stand. Fremde Gerüche konnte er nicht ausstehen. Unfreundlich schnauzte er ihn an. „Was machst du hier in meinem Gang?“ Noch bevor er ihm antworten konnte, erhob Talpo seine rechte Grabehand und deutete ihm, aus seinem Gang zu verschwinden. Der Nachbar hob ebenfalls eine Hand, aber er legte sie an sein Ohr, oder besser gesagt, an sein Rohr, jedenfalls dorthin, wo andere ein Ohr hatten, und bedeutete ihm, genauer hin zu hören. Talpo hatte sich wieder beruhigt und zeigte sich friedlich. Es war ihm peinlich, dass er nicht wenigstens nach dem Grund des Besuches seines Nachbarn gefragt hatte. Das Leben hatte ihn misstrauisch werden lassen. Jetzt hörte auch er das Geräusch, das von oben zu kommen schien. Er legte die Nasenspitze am Ende seiner Schnauze an die Decke des Ganges und tastete sich mit ihrer Hilfe aufmerksam entlang. Bald bewegten sich zwei hoch erhobene Nasen auf die nächste Tunnelkreuzung zu. Es mussten auch die Spitzmäuse von dem Gedröhne in ihrer Ruhe gestört worden sein, denn Malpino, der Mäuserich aus dem ersten Nebengang, kam schlaftrunken auf die Beiden zugewackelt und piepste: „Habt ihr das gehört?“ „Was meinst du?“, fragte Talpo. „Na, dass sie unsere Wiese zerstören!“, sagte Malpino mit zitternder Stimme. „Wer sagt denn sowas?“ mischte sich der Nachbar ein und legte seine Hand abermals an sein Ohr- also, dorthin, wo er eigentlich eines haben sollte, aber nur eine Röhre hatte. „Ich war oben auf der Wiese, als sie mit Maschinen aus Eisen tiefe Löcher in den Boden bohrten und riesige Maulwurfshügel daneben auftürmten.“ Malpino stellte sich dabei auf die Hinterbeine und malte mit den vorderen einen hohen Bogen über sich, so hoch er eben konnte. Und während Talpo und sein Nachbar den aufregenden Nachrichten Malpinos lauschten, wurde das Dröhnen immer lauter, bis ein dumpfes Donnergrollen schließlich ihre Stimmen verschlang. Während ihrer aufgeregten Unterhaltung hatten sie nicht bemerkt, dass sich der Gang mit anderen Maulwürfen und Spitzmäusen gefüllt hatte, die alle irgendetwas von oben gehört haben wollten. Keiner wusste so genau, was tatsächlich vor sich ging. Alle schnauften und piepsten durcheinander und drängten sich bald über und untereinander im Gang zusammen. Im heillosen Durcheinander wog die Menge immer näher dem Ausgang zu. Talpo wurde ein Teil dieser Woge. Er stemmte sich mit beiden Händen und ganzer Kraft gegen den Strom, der ihn mit zu reißen drohte. „Talpina", schrie er. „Talpina, ich komme! Talpina! Ich hole euch!" In dem allgemeinen Stimmengewirr des Maulwurf-Mäuse-Gemenges konnte er nicht hören, ob sie ihm geantwortet hatte. Er konnte ja nicht einmal seine eigenen Worte verstehen. Er wusste nicht mehr, ob er mit der Flut oder gegen sie kämpfte. Er spürte nur seine Verzweiflung, als ihn plötzlich ein schwacher Lichtstrahl blendete, und er auf der anderen Seite des Ganges unsanft auf seinen Händen landete. Er war erleichtert, Malpino in der Nähe piepsen zu hören, aber als die Schreckensschreie seines Nachbarn an sein Ohr drangen - oder dorthin, wo es hätte sein sollen, geriet er außer sich. Er wollte ihm zu Hilfe eilen, er rief nach ihm, aber er war unfähig, sich fort zu bewegen. Und dennoch befand er sich plötzlich zusammen mit vielen anderen Maulwürfen auf einem der riesigen Erdhügel, von denen Malpino erzählt hatte. Wo war Malpino? Er hörte sein Piepsen nicht mehr. Einer der Maulwürfe neben ihm glaubte gehört zu haben, dass Malpino eine Spitzmaus wäre, und Spitzmäuse nicht zu den Maulwürfen gehörten. Er würde deshalb wieder in den Tunnel zurück gesteckt werden, hätten sie gesagt. Talpo wollte auch wieder zurück. Er musste Talpina und die Kinder holen! Aber der Eingang war versperrt. Er wollte ihn mit seinen Händen frei schaufeln - aber das ging nicht. Sie hatten den Eingang mit Eisen verschlossen. Talpo schrie aus Leibeskräften. Er schrie und schrie und schrie. Doch die, die den Eingang versperrt hatten, konnten die Schreie nicht hören. Zwar hatten sie Ohren - dort, wo sie hin gehörten, aber der Gang zu ihrem Inneren war verschüttet.

Er hörte noch, wie der Vogel seine Schreie im Rauschen seiner Flügel mit in die Lüfte nahm. Dann war alles um ihn herum verstummt.
Der Winter war geblieben. Erst als der Vogel dem Frühling erzählt hatte, dass sie sein Lied wieder hören könnten, ging der Winter, und es konnte Frühling werden.

Wenigstens seine Flucht war geglückt.

Die Parabel von der Sehnsucht der Stimme

Der kurze Moment ihres anfänglichen Alleinganges war gerade lang genug gewesen, um im Gedächtnis haften zu bleiben. Gerade lang genug, bevor sich aus eben dieser Stille, aus der auch die erste Stimme gekommen zu sein schien, eine zweite auftauchte, und sie für eine ganze Weile verfolgte. Sie versuchte gar nicht, die Erste einholen zu wollen. Achtsam, immer im selben Tempo den Abstand wahrend, ungesehen zwar, aber nicht ungehört, lief sie hinter ihr her. Die Vorauseilende schien sie nicht als Bedrohung einzuschätzen, sondern die Verfolgung bald als angenehme Begleitung zu empfinden. Ohne sich auch nur ein einziges Mal umzudrehen, begann sie mit ihr zu spielen. Sie verlangsamte ihre Schritte, ließ sie näher an sich herankommen, um kurz vor einer Berührung in ängstlichem Übermut davon zu eilen. Im Eifer des Spiels war, von den beiden unbemerkt, eine dritte Stimme aufgetaucht. Sie gab von Beginn ihres Erscheinens an die Richtung vor und führte mit festem Schritt die beiden anderen aus dem Dickicht, als würde sie, und nur sie, des Weges kundig sein. Als auch noch eine vierte und eine fünfte Stimme, wohl aus Seitenwegen, zu ihnen stießen, lichtete sich plötzlich das dichte Geflecht, und ein weites Tal tat sich vor ihnen auf. Bald stand fest, dass sie gemeinsam der Sonne entgegen ihren Weg fortsetzen würden. Es wurde ein triumphaler Einzug ins Finale mit einem alles überstrahlenden Schlussakkord.

Sie hatten es geschafft!

Bachs Fuge verklang in einem sehnsuchtsvollen Nachhall, dessen Wellen die Hoffnung auf ein solches Ende jeder Flucht bis unter die Kuppel der Kathedrale mit sich nahmen.
Die Antwort auf die Frage, ob der Flucht der Stimmen die Sehnsucht nach Freiheit oder doch die Sehnsucht nach vollkommener Vereinigung zugrunde lag,

das weiß allein ihr Schöpfer.

Am Fenster

Nur wer aus dem Fenster schaut,
kann in sein Inneres sehen.

Die lange Reise

Auf beide Ellenbogen gestützt, den Kopf vom Kinn bis zu den Ohren in den Händen haltend, lag sie eigentlich ganz bequem auf der weichen Decke. Sie ließ die Landschaft im kleinen schmalen Fenster an sich vorüberziehen. Sie waren im Bus unterwegs, wie immer, wenn sie reisten. Sie lag oben am Stockbett. Von dort aus konnte sie alles beobachten und außerdem tat es ihrem kranken Rücken so am besten.

Heute war die Luft besonders schwül im Bus. Der heiße Sommertag würde wohl in einem Gewitter enden, dachte sie, als sie durch das Fenster sah, wie sich das kleine Wölkchen zu einem riesigen weißen Wolkenschiff aufzublasen begann, und sich am Horizont auftürmte.

Die Getreidefelder gegen Westen waren von der untergehenden Sonne in leuchtendes Gold getaucht, nur ein kleiner roter Punkt in der Ferne unterbrach die Ruhe der wogenden Ähren. Er ließ ein fahles Braun in einer schmalen Bahn hinter sich zurück. Eine Erntemaschine hatte sich durch den Überfluss der Landschaft geschnitten.

Das Schild am Straßenrand war zu schnell an ihr vorbeigeflogen. Sie konnte gerade noch die zwei letzten Buchstaben darauf erkennen.

Ein -CH oder war es ein -TZ oder vielleicht ja doch nur ein -Z gewesen? Sie musste eingeschlafen sein, denn als sie wieder aus dem Fenster schaute, war der Himmel mit schwarzen Wolkentüchern verhangen und die Bäume am rechten Straßenrand neigten sich gespenstisch und kamen ihrem Fenster so nahe, dass ihr der Ausblick genommen

war. Ab und zu konnte sie ein Hausdach erkennen, und sie versuchte sich vorzustellen, wie weit sie noch von ihrem Ziel entfernt wäre.
Sie drehte sich auf den Rücken und ließ das gleichmäßige Surren des Motors über ihren angespannten Körper gleiten. Sie war sich plötzlich nicht mehr sicher, ob sie überhaupt noch das Ziel erreichen wollte.
Wie lange war es her? Die Bilder von damals, die sie so gut verwahrt hatte, stahlen sich nach oben.
Der Bus fuhr jetzt langsamer. Das tiefere Geräusch des Motors und die leichte Seitenlage ihres Körpers sagten ihr, dass sie in eine Nebenstraße eingebogen sein mussten.
Die Decke zwischen die Finger geklemmt, die Knie fest aneinander gepresst, malten ihre Gedanken ein Bild, wie sie aus dem Bus steigt, ihre Kinder in die Arme schließt – und angekommen sein würde.

Nicht mehr allein

Heute wollte Caroline es langsamer angehen lassen.
Gestern hatte sie sich ein wenig zu sehr angestrengt. Die Vorlesung war lang und schwierig gewesen und hatte ihre ganze Aufmerksamkeit erfordert. Zu Hause warteten einige unaufschiebbare Arbeiten auf ihre Erledigung. Dann hatte sie noch mehrere Stunden mit dem Üben auf ihrem Instrument zugebracht. Es hatte sich ihr, wie sie überzeugt war, eine einmalige Chance, mit diesem hervorragenden Duopartner auftreten zu können, geboten. Die wollte sie unbedingt nützen, und außerdem wollte sie ihn nicht enttäuschen.
Sie war lange wach gelegen, und während sie zum Fenster hinausschaute, hatte sie über die Ereignisse der letzten Tage nachgedacht. Hin- und hergerissen zwischen allerhöchstem Glücksgefühl und tiefer Traurigkeit hatte sie endlich der erlösende Schlaf in die Nacht mitgenommen.
Sie wollte Ordnung in ihr Leben bringen. Zu allererst aber musste sie sich im Klaren darüber werden, was denn die Ordnung wäre!
Sie war noch so jung! War es das, was sie wollte? Ordnung?
Wenn sie auch noch nicht sagen konnte, wohin die Reise gehen sollte, so wusste sie umso genauer, was sie mitnehmen würde.
Ihre Kunst, die würde sie niemals zurück lassen, die würde sie brauchen, um atmen zu können. Und ihre Liebe zur Natur, die würde sie begleiten, wohin sie auch ginge.

Blieb nur noch die Ungewissheit, wovon sie ihre Reise bestreiten sollte . Wenig würde ihr schon genug sein.
Ihr schon.
Aber sie war nicht mehr allein.

Sehnsüchtig

Das Fenster war so beschlagen, dass draußen alles im Nebel zu sein schien. Es war sehr früh am Morgen, als er, die Nase dicht an die Scheibe gepresst, sehnsuchtsvoll wartete. Sein aufgeregter Atem verhüllte ihm den klaren Blick nach Draußen. Immer wieder wischte er räderförmige Flächen auf der Glasscheibe frei, damit er nur ja den Augenblick der Ankunft nicht versäumte. Er fragte sich, ob er zuerst mit den Ohren oder doch zuerst mit den Augen das Objekt seiner Sehnsüchte ausmachen würde.

Da hielt es ihn nicht länger und er öffnete mit einem kräftigen Ruck einen Flügel des Fensters. Es näherte sich, in helles Orange gehüllt, langsam dem Haus, um schließlich direkt unter seinem Fenster stehen zu bleiben.

Der Vater beugte sich hinunter, hob seinen kleinen Sohn, der die drei Stufen zum Ausgang mit einem Satz genommen hatte, mit beiden Händen hoch und setzte ihn neben sich auf den Traktor.

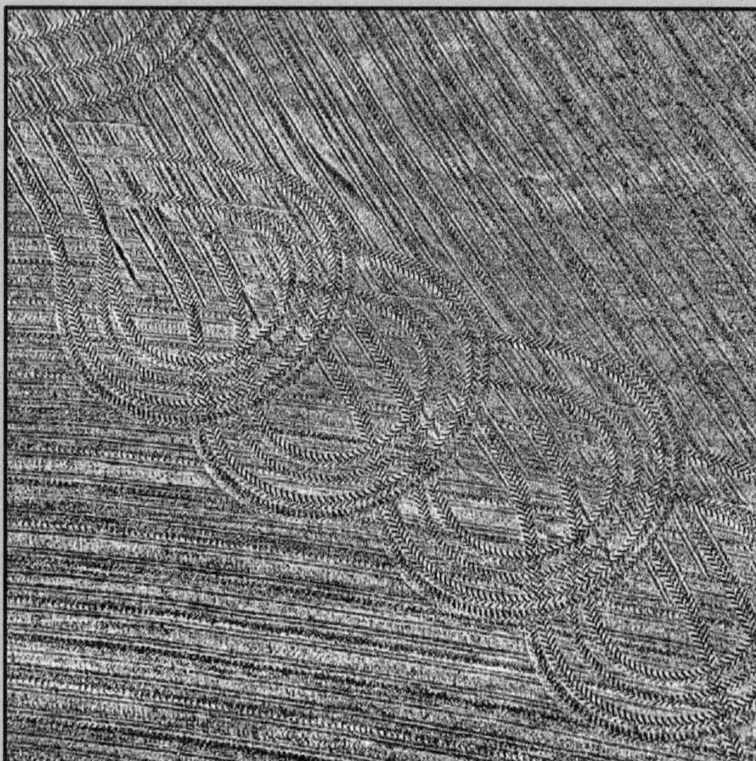

Fernsicht

Die Arbeit türmte sich im Büro und zu Hause und verstellte ihr die Aussicht.

Sie wollte endlich hinaus aus dem Einerlei des Alltags, und plötzlich überkam sie die Sehnsucht nach dem Weitblick auf Leben. Sie wollte weg.

Einfach irgendwohin. Einfach nur weg.

Während sie wie gewohnt so spät am Abend noch am Computer saß und arbeitete, nahmen ihre Gedanken hellere Strukturen einer Welt da draußen außerhalb ihres Fensters an. Sie hatte sich nie die Zeit genommen, ihren Träumen nach zu hängen, und so wusste sie auch nicht, wohin sie eigentlich wollte, wenn sie weg wollte.

Sie öffnete ein Fenster und schlenderte durch die Straßen ferner Städte.

Paris, Rom, London. Überwältigt von der Schönheit der Städte, öffnete sie auch das Fenster in die Berge und zu den Seen. Die Aussicht war phantastisch.

So Vieles hatte sie noch nicht und erst so wenig gesehen!

„Derzeit keine Netzverbindung", stand da plötzlich zu lesen. Ziemlich unsanft war sie aus ihren Träumen gerissen und daran erinnert worden, dass sie ihre Arbeit noch nicht fertiggestellt hatte.

Sie schloss ein Fenster nach dem anderen und kehrte von ihrer Reise zurück an ihren Arbeitsplatz.

Aber ein Fenster, das zu ihren Träumen, das ist offen geblieben.

Wassertropfen am Fenster

In der Rechten ein Glas Wasser, in der Linken, vom Daumen fest umschlungen, das Handy. Kurzes, schwarzes Haar, schwarze Leggins, weites T-Shirt, schwarz mit weißem Aufdruck. Barfuß.
Sie nahm einen großen Schluck und stellte das Glas auf den Schreibtisch, wo es zwischen den aufgetürmten Büchern und Heften, den losen, halb bekritzelten Blättern und sonstigen Utensilien, die sie zum Lernen brauchen würde, verschwand.
Der Arbeitsplatz eines smarten Teenagers.
Eine Melodie im strengen Zweiertakt quetschte sich aus dem Handy, als sie sich mit verschränkten Beinen auf den Boden setzte. Da sie ihr smartes Phone noch immer in der Hand hielt, brauchte es nicht mehr als eine Taktlänge, bis der erlösende Wisch zur Kontaktaufnahme vollzogen war. Eigentlich schien sie sich ohnehin immer an ihrem handlichen Gerät festzuhalten. Die Freunde hatten sich alle zur verabredeten Zeit am vereinbarten Ort eingefunden. Cyril war einer aus ihrer Klasse, Samanta, so nannte Manuela sich, kannte sie über Denise aus dem Cyber-Club. Die übrigen Vier, die sich dazu gesellt hatten, kannte sie nicht.
Das spielte keine Rolle. Sie wollte ohnehin nicht in eine nähere Bekanntschaft schlittern. Dafür würde ihre begrenzte Zeit nicht ausreichen. Sie war gekommen, um sich über den neuesten Stand zu informieren. Es wurde in der Community eifrig diskutiert, argumentiert und ausprobiert. Eine kleine Meinungsverschiedenheit über eine möglicherweise zu persönliche Annäherung war schnell weggewischt.

Smarthilde, so kannten sie alle im Raum, war mit dem Ergebnis des Zusammentreffens zufrieden und beendete den Kontakt.
Sie hatte endlich gefunden, wonach sie gesucht hatte! In diesem Frühjahr wollte sie etwas für ihren smarten Körper tun. Die Anzeichen ihrer sinkenden Kondition waren nicht mehr zu übersehen, nicht nur, weil sie mit ihren Freunden nicht mehr mithalten konnte, wenn diese noch um Mitternacht munter ihre Turnübungen kopfüber im Netz hängend, vollführten. Sie war fest entschlossen, etwas zur Wiedererlangung ihrer früheren Power zu unternehmen. Ausgerüstet mit allen erdenklichen kürzlich erworbenen neuen Erkenntnissen und aufgerüstet mit den letzten technischen Errungenschaften, warf sie sich in Begleitung ihres smarten Phones in die Gesundheitsschlacht. Pünktlich um 6.00 Uhr krähte der Hahn und befahl ihr mit eindringlicher Stimme, aufzustehen.
Ein kurzer Blick auf das Fenster verriet ihr mit grell leuchtenden Schriftzeichen, dass der Tag schon angebrochen sein musste. Unter einem weißen Wölkchen blitzte ein kleiner Sonnenstrahl hervor, woraus sie schloss, dass es leicht bewölkt bis sonnig sein würde. Sie wischte einmal schwungvoll mit dem Zeigefinger über das Fenster und erfuhr, dass es draußen 8° hätte. Der Pullover, der unter der Gradangabe aufleuchtete, veranlasste sie, sich ihren über zu ziehen.
Um 6.10 Uhr ertönte ein leises Klopfzeichen und blitzblaue Laufschuhe huschten an ihrem wachsamen Auge vorüber, weshalb sie in ihre schlüpfte. Ohne weitere Hinweise verließ sie anschließend die Wohnung. Um nicht von akustischen Eindrücken abgelenkt zu werden, steckte sie sich zwei smarte Stöpsel in die Ohren, welche sie über ein

schickes weißes Kabel online setzen. Die Mobilität der Sinne schien damit unbegrenzt. Sie wischte noch einmal über das Fenster, wodurch sie zum Start freigegeben wurde. Ein großer bunter Blumenstrauß leuchtete ihr entgegen, um welchen Buchstaben in hellem Grün zu tanzen begannen, die sich in farblicher Abstufung zu einem Text formierten:

GRATULATION ZUM 1.SCHRITT
IN DIE FITNESS !

Von nun an folgten ihre Laufschuhe dem smarten Rhythmus, der in ihr Ohr spielte. Das Gerät passte das Tempo exakt dem von ihm erfühlten Pulsschlag an. Befreit von jeglichem rationalem und emotionalem Ballast hatte sie endlich das ideale Programm für sich gefunden.

Eine Spaziergängerin fand die völlig entkräftete Smarthilda reglos unter einem Baum am Wegrand. In der linken Hand, vom Daumen fest umschlungen, hüpfte unermüdlich ein kleiner blauer Wassertropfen auf der Fensterscheibe ihres mobilen Telefons auf und ab und schrieb dabei in großen Lettern
TRINK!WASSER TRINK!WASSER TRINK!WASSER

Neue Möglichkeiten

Es war Davids Idee gewesen, zu den bunt gestreiften und getupften Fischen ein Seepferdchenpaar zwischen die grünen Pflanzen ins Aquarium zu geben. In seiner Jugend wollte er Meeresbiologe werden, ehe es ihn dann doch auf dem elektronischen Highway in dieses Labor gespült hatte. Einmal hatte er sogar an einem Projekt zur Erforschung von Meerestieren mitarbeiten dürfen, bei dem er sich besonders zu den Seepferdchen hingezogen gefühlt hatte. Ganz Erstaunliches über diese Tiere hatte er herausgefunden. Leider konnte er sich nicht mehr an die Einzelheiten erinnern.

Am blauen Hintergrund zogen die Fische, ihre Mäuler in regelmäßigen Abständen öffnend und schließend, langsam ihre Kreise, während das Seepferdchenpaar stets auf gleicher Höhe einem unhörbaren Taktschlag folgend, gemächlich auf und ab schwebte. Er nannte die Beiden Winwin.

Unvermittelt verlöschte das Licht im Aquarium, und auf der schwarzen Glasfläche erschienen sechs kleine gelbe Sterne. Alice hatte gerade ihr Passwort eingegeben. Erst kürzlich hatte sie das alte gegen ein neues ausgetauscht und sich für WINWIN entschieden.

David und Alice teilten sich den kleinen Arbeitsplatz schon seit längerer Zeit. David saß die meiste Zeit vor dem Bildschirm, während Alice mit leicht vorn übergebeugtem Kopf an ihrem Mikroskop anzutreffen war. Es konnte aber auch schon einmal vorkommen, dass sie die Plätze tauschten. Sie waren ein eingespieltes Team. Auch ihre tiefen Ringe unter den rot glänzenden Augen in ihren blassen

Gesichtern ließen eine gewisse Gemeinsamkeit erahnen. Über weitere nachzudenken oder gar zu sprechen, hatten sie noch keine Zeit gefunden. Seine Aufgabe war es, ihre Forschungsarbeiten am Mikroskop in die geeignete Computersprache zu übersetzen. Im Augenblick aber saß David vor dem Mikroskop und starrte ungläubig durch die Linse auf das kleine schwach beleuchtete Glasplättchen darunter. Immer und immer wieder. Alice hatte es also tatsächlich geschafft! Sie hatte auch die letzte Nacht durchgearbeitet, wie schon etliche Nächte vorher, und gerade, als sie nicht mehr daran geglaubt hatte, dass es funktionieren würde, machte sie die erlösende Entdeckung. Sie hatte den bisher unbekannten Code des gesuchten Gens geknackt. Zum ersten Mal zeigte sie so etwas wie Emotion, die sie ihm näherkommen und ihm ein zaghaftes Lächeln zuwerfen ließ. David wusste nicht so recht damit umzugehen, auch wusste er nicht, was das Ergebnis nun eigentlich bedeuten würde. Er war in letzter Zeit zu sehr mit Problemen der neuen Sprache auf seinem Gerät beschäftigt gewesen. Deshalb hatte er auch dem vor einigen Tagen an die weiblichen Mitarbeiter seiner Firma gerichteten Schreiben wenig bis gar keine Beachtung geschenkt, oder ihm Bedeutung beigemessen. Und so war ihm das Angebot derselben entgangen, einen möglichen Kinderwunsch durch das Einfrieren von Eizellen auf einen späteren Zeitpunkt zu verschieben, und diese Maßnahme sowohl karrieretechnisch als auch finanziell großzügig unterstützen zu wollen.
Und er war sich ganz sicher, dass Alice nach ihrer bahnbrechenden Entdeckung ohnehin kein Interesse an diesem Angebot haben würde.
Als David am nächsten Morgen lange vor Alice ins Labor kam, setze er sich an seinen Arbeitsplatz, um seine Tiere

im Aquarium zu begrüßen. Alles schien wie immer zu sein. Die Fische zogen geruhsam in harmonischen luftig, leichten Flossenbewegungen ihre gewohnten Runden. Das Seepferdchenpaar aber schien über Nacht deutlich größer geworden zu sein und noch langsamer auf und ab zu schweben – als Win und Win ganz unvermittelt auf der Stelle verharrten, und das Weibchen blitzschnell ihre Eier in der Bauchtasche des Männchens ablegte, um gleich darauf elegant hinter die grünen Pflanzen zu entschweben.
David musste lange gedankenversunken da gesessen sein, denn er hatte Alice nicht kommen gehört. Sie fragte ihn, ob er ihre Nachricht vorgefunden hätte.
Er hatte.
Und als er nickte, war ihm auch wieder eingefallen, womit ihn die Seepferdchen schon in frühen Jahren in Staunen versetzt hatten.

Abigail

Abigail befindet sich im Landeanflug auf London- Heathrow. Ungeduldig schaut sie auf die rot leuchtenden Ziffern der digitalen Zeitanzeige über dem Mittelgang der Lufthansamaschine. Der Flug hat bereits einige Minuten Verspätung. Die Konferenz findet zwar in Flughafennähe statt, aber die Zeit wird knapp. Sie wirft einen nervösen Blick hinunter auf die Skyline Londons, die Thames blendet in der frühen Morgensonne. Der Himmel über London ist ungewöhnlich blau. Endlich setzt die Maschine auf der Landebahn auf. Einige Passagiere klatschen. Sie nimmt ihren kleinen Handkoffer von der Ablage. Mehr Gepäck hat sie nicht, sie wird noch am selben Abend wieder zurückfliegen, und eilt zum Ausstieg. An je fünf Tagen der Woche befindet sie sich in einer der Hauptstädte des Kontinents. Abigail ist eine sehr gefragte Person in der Computerbranche. Abigail ist intelligent, besitzt ein großes Fachwissen und ist smart im Umgang mit ihren Mitarbeitern. Als Chefin des großen Konzerns ist sie äußerst erfolgreich und sieht auch noch ausgesprochen gut aus. Der dunkelblaue Blazer mit der weißen Bluse mit dem Burlingtonmuster am Kragen, den sie zur jeansblauen, sportiven, perfekt sitzenden Hose und den schwarzen Schuhen mit Keilabsatz trägt, machen Abigail zur perfekt gestylten Business-Lady. Ihre atemberaubende Karriere ist beispiellos und hat schon mehrmals die Seiten der Fachzeitschrift "New View" gefüllt.

An den Wochenenden nimmt sie sich eine Auszeit und begibt sich in die Berge. Sie bevorzugt die Schweizer

Alpenlandschaft. Auch vom französischen Mont Blanc-Gebiet ist sie höchst angetan. Wenn es ihre knapp bemessene Zeit zulässt, macht sie schon einmal einen Abstecher an einen der großen Seen. Abigail liebt das Bild des Gardasees, der wie eine Schale gefüllt mit glasklarem Wasser, umrahmt von hohen Bergen und sattem Grün unter wolkenfreiem Himmel liegt.
Am Abend sitzt sie an ihrem Arbeitstisch und bereitet den nächsten Tag vor. Das Fenster in Übergröße ihr gegenüber zeigt einen nächtlichen Sternenhimmel. Der helle Polarstern scheint im großen Wagen direkt auf sie zuzusteuern. Mit einer kleinen eleganten Bewegung wischt sie mit dem Zeigefinger der rechten Hand über das Display ihres iPhones. Die Melodie von " Also sprach Zaradustra " wird als geeigneter Soundscape ausgewählt. Diese Klanglandschaft wird ab nun den perfekten Backgroundsound für den nächtlichen Ausblick liefern. Die reale Atmosphäre draußen in der Nacht unter freiem Sternenhimmel würde der Konkurrenz nicht standhalten können.
Am Morgen wischt sie sich zuerst den Schlaf aus den Augen, um sich danach mit einem zweiten Wisch über das Glasfenster ihres Gerätes in die Schweizer Alpenregion zu begeben. Sie taucht die Gletscher mit dem Zeigefinger in morgendliches Rot, das dank eingebautem Spezial-Material mittags in ein eiszartes Blau wechseln wird.
Die Benutzerfreundlichkeit des Fensters lässt noch einigen Spielraum nach oben offen. Abigails Team arbeitet an einem möglichst selbständig funktionierenden System. Besonderes Interesse in der Entwicklung wird zur Zeit der Verwirklichung einer Frischluftzufuhr und einer Öffnungsmöglichkeit des Fensters entgegen gebracht. Abigail muss zum Flughafen. Ihr Flug nach London geht bereits in

einer Stunde. Sie darf sich nicht verspäten. Es geht heute um die Eroberung des chinesischen Fenstermarktes. Die Idee, echte Alpenluft in die chinesischen Hochhäuser einzuschleusen, stammt von Abigail selbst. Die Entwicklung des intelligenten Zuluftsystems ist fast abgeschlossen. Das alpenländische Klang – und Farbenspektrum muss allerdings auf Wunsch der chinesischen Wirtschaftsbosse für den fernen Osten abgeändert werden. Der penetrante Cowsound und das grelle Alpgreen haben nicht die ungeteilte Zustimmung ihrer Zielgruppe gefunden.

Abigail will nach ihrer Rückkunft am Fuße des Mont Blancs gepflegt zu Abend essen, oder vielleicht wird sie doch im satten Grün am Ufer des Gardasees relaxen.

Die Entscheidung wird sie ganz spontan am Fenster ihres iPhones treffen.

Ein Blick durch die Luke

In diesem Aufzug konnte sie nicht dorthin gehen! So fein hatte sie sich gemacht. Extrafein! Ihr frisch gewaschenes Haar glänzte seiden und ihre Wangen leuchteten rot, was sie übrigens auch ohne Rouge im Zustand ihrer Erregung getan hätten. Ihr kurzes, enges Kleid war nun wohl auch nicht mehr passend. Sonst trug sie immer schmale Hosen und darüber schlabbrige überlange Pullover - so oversized wie sie im Augenblick overdressed war. Und die Schuhe hatte sie zu diesem Anlass erstanden. Allein die Vorstellung, dieses filigrane Gebilde an ihren schmalen Fesseln unter die Sitzreihe von johlenden, tobenden Fans schieben zu müssen, trieb ihr das Wutwasser in die Augen.
Sie hatte sich so auf diesen gemeinsamen Abend gefreut! Tanzen wollte sie mit ihm zu lateinamerikanischer Livemusik. Diesmal würde sie nicht nachgeben. Er würde schon noch sehen, dass man mit ihr nicht so umspringen konnte. Sie nahm ihr Handy, um noch einmal seine kurze Nachricht zu lesen.

„Möchte lieber ins Stadion gehen.
Kleinkirchen - Großhausen. Komm mit! Andi"

Sie drückte auf „Antworten" und schrieb:
„NEIN, DANKE!!! LENI"
Vor dem Senden ersetzte sie das „I" durch ein „A". „Leni" erschien ihr zu lieblich.
Er musste doch wissen, wie enttäuscht sie sein würde! Nie, aber auch wirklich niemals machte er etwas ihr zulie-

be. Enttäuscht und traurig ließ sie sich auf die Sitzbank vor dem Fernsehapparat fallen und streckte die Beine vor sich aus. Mit dem einen Schuh schob sie trotzig den anderen vom Fuß, um danach mit den Zehen des schuhlosen Fußes den anderen Schuh abzukippen. Sie räkelte sich auf der Bank und streifte das kurze, enge, unbequeme Kleid über den Kopf. Die beinahe tänzerisch anmutenden Bewegungen hatten sie ein wenig beruhigt, und sie legte ihre Garderobe zurück in den Kasten. Ihre hochhackigen Spangenschuhe wanderten zum ersten Mal zu den anderen Schuhen ins Regal. Sie zog ihre Hose und einen ihrer weiten, langen Pullover an. Sie wählte dunkelgrau.

Bis jetzt hatte sie noch keinen Augenblick daran verschwendet, was aus diesem Abend werden sollte. Hätte sie ihm das Fußballspiel daheim vor dem Fernseher im Wohnzimmer vorschlagen sollen? Sie ging in die Küche, um Tee zu kochen. Sie goss das dampfende Wasser über die frischen Kräuter, die sie vom Fensterbrett genommen hatte und stellte zwei Tassen auf den Tisch. Der angenehme Duft war nicht aufzuhalten. Er breitete sich über sie.

Sollte sie ihm nicht doch eine Nachricht senden? Wenigstens das A wieder durch I ersetzen?

Noch war sie nicht ganz überzeugt von ihrer Idee, als es läutete. Es war kein Gong, auch keine Glocke, eher ein schrilles, kreischendes Schnarren.

Eigentlich wollte sie weder jemanden sehen, noch von jemandem gesehen werden.

Weil es noch ein paar Mal schnarrte, ging sie schließlich doch zur Tür, und schaute durch das kleine runde gläserne Loch nach Draußen.

Als Kind schon hatte sie sich gewundert, wie man durch ein winziges Loch so viel sehen konnte!

Sie schaute lange, bevor sie die Tür öffnete, um ihn herein zu lassen.
Dunkler Anzug, weißes Hemd, Silberkrawatte. Spiegelnde, schwarze Lackschuhe. Die langstielige dunkelrote Rose konnte sie nicht sehen, weil er sie hinter seinem Rücken versteckt hielt.
Sie schaute an sich hinunter, um am Ende ihrer Röhrenhose nur ihre nackten Zehen zu sehen.

Emmas Kleider

Das maßgeschneiderte, figurbetonende, bodenlange weiße Kleid, im Empirestil, war im Oberteil mit Spitze besetzt. Die nach unten hin trompetenförmig geweiteten Ärmel reichten bis über die Ellbogen. Die weich vom rückwärtigen Ausschnitt fallende hüftlange Schleppe vervollständigte das Bild einer schlichten Eleganz. Es war, wie gesagt, ganz auf seine Trägerin Hanna abgestimmt und an sie angepasst.

Warum sich aber ausgerechnet Emma so genau an dieses Kleid erinnerte? Sie hat es im Jahr darauf, am Tag ihres großen Glücks mit Hannas Bruder getragen. Ärmel und Schleppe waren von der Tante, einer Schneiderin, abgetrennt und die Figur des Kleides an die von Emma angepasst worden, nachdem diese vergebens versucht hatte, ihre an das Kleid anzupassen.

Es war nicht maßgeschneidert für Emma und entsprach auch nicht ganz ihrer Wunschvorstellung. Auch hätte sie damals wahrscheinlich gerne Rüschen und Schleifchen daran gehabt. Nach der Hochzeit hat sie es Hanna wieder zurück gegeben. Ganz abgestreift hat sie es jedoch nie.

Im Laufe der Jahre hat sie viele Kleider von Anderen getragen – in manche ist sie voller Freude und auf eigenen Wunsch geschlüpft, manche hat sie nur widerwillig, gezwungenermaßen ihrem Unterkleid übergestülpt. Sie hat die Kleider getragen wie einen Schutzmantel gegen Hitze und Kälte, gegen Regen und Sturm, stets achtsam darauf bedacht, darunter keinen Schaden zu nehmen.

Eines Tages stand sie vor seiner Tür. Bevor sie anklopfte, streifte sie alle Kleider ab, und als er sie einließ, trug sie ein maßgeschneidertes, weißes Gewand. Emma hatte ihr eigenes Kleid wieder bekommen.

Es war das Kleid des ewigen Glücks.

Angekommen

Er war ein begeisterter Pilzsammler gewesen. Wenn er in den Wald hinein roch, wusste er gleich, wo und welche Pilze er hier finden würde. Dann hielt ihn nichts mehr. Immer tiefer zog es ihn ins Unterholz, über Moospölster und Geäst, ohne Wege und Markierungen. Die Pilze legte er sorgsam in seinen Filzhut, den er normalerweise auf seinem Kopf trug. Wie er immer wieder zurück zur Ausgangsstelle gefunden hatte, war ihr ein Rätsel geblieben. Sie zog es stets vor, auf dem gut markierten Weg zu bleiben, um sich nicht zu verirren.
Heute war er zu Fuß in die Stadt aufgebrochen, er wollte ein paar alte Freunde treffen beim Kaffee. Zum Mittagessen würde er wieder zu Hause sein, meinte er. Seine Beine trugen ihn noch recht ordentlich und er war oft unterwegs, um sie zu bewegen.
Es war nur einer zum Kaffeehaus gekommen, die anderen waren entweder kränklich oder zu müde gewesen. Sie plauderten über gemeinsame Kriegserlebnisse und auch die Schultage, die sie geteilt hatten, kamen ihnen in den Sinn.
Es war ein gemütlicher Vormittag gewesen.
Er nahm seinen Hut vom Haken, verabschiedete sich und machte sich auf den Heimweg. Er drehte sich noch einmal um, aber der Freund war schon um die Ecke gebogen. Sonst waren seine Schritte forsch und ziemlich schnell gewesen, aber in letzter Zeit waren sie langsamer und kleiner geworden.
Auf dem Heimweg begegnete ihm Frau Erna, mit der er sich noch kurz unterhielt, dann wollte er aber wirklich nach

Hause, schließlich war es schon Mittag geworden.
Sie erwartete ihn jeden Augenblick zurück, und wie gewohnt zu dieser Stunde, war das Essen schon angerichtet.
Sie wurde unruhig, denn er war nie unpünktlich gewesen Sie wollte ihm entgegen gehen. Sie wusste ja, von wo er kommen würde. Bis zum Kaffeehaus war sie gegangen, ohne ihm begegnet zu sein. Sie sprach mit dem Kellner, der ihr aber keine hilfreiche Auskunft geben konnte. Da entdeckte sie die Frau Erna. Die erzählte ihr von der kurzen Begegnung mit ihm. Aber warum war er dort gegangen? Sie wohnte doch auf der anderen Seite der Stadt.
Sie würde ihn suchen gehen.
Und sie würde ihn finden.
Als sie endlich in der Nähe des Kinos am anderen Ende der Stadt eine Parkbank entdeckte, meinte sie, den Hut ihres Mannes zu erkennen.
Er war es tatsächlich!
Lange saßen sie schweigend nebeneinander.
Schon seit längerer Zeit war dieses unbestimmte Gefühl in ihr gewesen.
Jetzt war es zur Gewissheit geworden.
Sein Fenster würde sich langsam schließen.
Liebevoll legte sie seine Hand in die ihre. Sie erwartete keine Worte. Ihre Liebe brauchte kein Fenster mehr nach außen.
Sie hatten es nicht mehr eilig, nach Hause zu kommen.
Dort, wo sie beisammen waren, dort war ihr zu Hause.

Die Glasgeschichte

Ganz hinten in der letzten Reihe war noch ein Platz auf der Holzbank frei. Sie setzte sich neben die alte Frau, die ihre Handtasche auf die linke Seite stellte und danach das Buch wieder in die Hand nahm.
Einen kurzen Moment waren sich ihre Blicke begegnet, bevor sie den ihren nach vorne wandte.
Sie folgte dem Geschehen nur bruchstückweise, und dennoch glichen ihre Bewegungen denen der anderen, und ihre Lippen öffneten und schlossen sich im Gleichklang mit der Menge.
Hätte sie sich selbst so gesehen, sie hätte nicht glauben können, dass sie es war, die hier saß.
Früher hatte sie gegen jegliche Gleichförmigkeit angekämpft, oder wenigstens in stiller Abkehr davon ihre eigene Musik gespielt.
Aber hier an diesem Ort war alles anders. Sie fühlte sich als Ton in die Harmonie der Orgelmusik eingebunden, die den Raum erfüllllte.
Sie spürte die Liebe, die in trotziger Leichtigkeit, die mächtigen Säulen aufwärts, dem Kreuzgewölbe zu, ihre Kraft verströmte.
Sie verlor sich in den vielen bunten Geschichten im hohen schmalen Glasfenster ganz vorne und stellte ihre dazu.
Jedes Mal, wenn sie hierher kam, schickte sie eine neue Geschichte ans Fenster und dankte Gott, dass er sie las.

LEBEN

Wer hat
Wird satt
Wer liebt
gibt
Haben Geben Lieben
Leben

Leben
lebt
Leben
gibt
Leben
liebt

Tod
stirbt
Tod
nimmt
Tod
gibt
Leben
Licht

Ich wurde im Jahr 1949 in einer obersteirischen Kleinstadt geboren, wo ich auch meine Kindheit und Jugend verbrachte. Seither lebe ich in Graz.
Ich unterrichtete bis zu meiner Pensionierung mit großer Freude und Hingabe Kinder an verschiedenen Volksschulen, wobei mir die Zeit für die musische Erziehung immer am wertvollsten war.
Musik und Sprache waren und sind meine großen Leidenschaften.
Gemeinsam mit meinem Mann konnte ich meinen Traum verwirklichen, im großen Familienverband einen Platz für alle und alles zu finden.